소이부답笑而不答

강우식 시인은 1941년 강원도 주문진에서 출생하여 1966년 《현대문학》으로 등단했다. 시집으로 『사행시초』(1974), 『사행시초·2』(2015), 『마추픽추』(2014), 『바이칼』(2019), 『백야白夜』(2020), 『시학교수』(2021), 『죽마고우』(2022) 등이 있다. 성균관대학교 시학교수로 정년퇴임했다.

리토피아포에지·143
소이부답笑而不答

인쇄 2023. 5. 4 발행 2023. 5. 10
지은이 강우식 펴낸이 정기옥
펴낸곳 리토피아
출판등록 2006. 6. 15. 제2006-12호
주소 21315 인천광역시 부평구 평천로255번길 13, 903호
전화 032-883-5356 전송 032-891-5356
홈페이지 www.litopia21.com 전자우편 litopia999@naver.com
ISBN-978-89-6412-179-5 03810

값 14,000원

· 이 책의 저작권은 지은이와 리토피아에 있습니다.
· 잘못 만들어진 책은 바꿔드립니다.

강우식 시집

소이부답笑而不答

지은이로부터 · 1

혼적

　아파트에 살며 반려견을 끌고 외출을 한다. 두어 발자국 가서는 나무 밑에 왼쪽 다리를 들고 보란 듯이 오줌을 찍 갈기고 가다 섰다를 반복한다. 자기가 발 딛은 영역을 표시하는 개짓거리에도 배울 것이 있구나. 매년 시집을 내는 것도 삶의 흔적을 한 줄 긋고 가려는 애잔한 몸짓일 뿐이다.

2023년 하루를 살더라도 나다운 삶을 바라며

강老평우식 識

지은이로부터 · 2

나쁜 놈

나는 '나쁜 자식'이다. 내 면전에서는 차마 말 못하고 없는 데서 아내도 참다 참다 못해 "나쁜 색기色氣"라 욕했으리라.

이 산문시 시집에는 가난하기 이를 데 없는 나를 만나 어떡하든지 살아보겠다고 콩나물 몇 십 원어치를 산 것도 가계부를 쓰던 아내가 있다. 전차가 구르던 60년대에 마포 공덕동 좁은 골목길을 따라 한옥 대문만 허풍스레 우뚝한 내 시의 스승집으로 가던 나도 있다. 그런 내 곁에 수줍던 처녀적의 보조개 띤 얼굴에 비친 노을이 곱던 아내의 통속도 있다. 연애를 할 때는 온갖 부드러운 말로 아내를 흔들어놓고 결혼해서는 바위 같은 사내가 되어 사랑에 인색했다. 나는 참 얼마나 어리석고 나쁜 새끼인가. 나머지는 살면서 버렸어야 했을 자서전적인 얘기들이다. 산문시란 이런 사연을 담는데 편하구나. 정말 아내와 맞장구치며 시처럼 살고 싶었는데 그런 인생은 없었다.

2023년 5월 무릎이 시리고 허전한 세월을 살며

강詩人우식散人

차례

지은이로부터 · 1 —흔적   05
지은이로부터 · 2 —나쁜 눈   07

1부 고요

가계부   15
가족력家族歷   17
가지 맛   18
개울움   19
거실   21
거울 입력   23
겨울나기   24
결혼   25
고맙다 꽃   26
고요   27
고추   28
고층유리 청소부   30
공평박물관 접시그릇   32
관상   33
꿈의 꽃밭   35
궁금   36
그네   37
긁데   38

나이	40
남산 봄날 하루	42
네플류도프의 외투	43
대구서문시장	45
대비對比	46
도배塗褙	48
도치	50
두 줄짜리 약력	51
등대	53
매미 울음	54
무지개	55
바다	56
밤하늘	57
밥 나무관세음	58
배	59
백발	60
보청기	62
사치	63
새	65
새들	66
선거	67
설한풍雪寒風	68
섭 – 이홍섭에게	69

2부 쪽문

성묘省墓	73
소이부답笑而不答	74
수술실에서 · 2	76
슬픈 Y담	78
승부勝負	80
승어부勝於父	81
시집	82
심장	83
아이를 보며	84
앰버그리스	86
양반	87
연어	89
열 살 무렵의 피난기	90
오징어 게임	93
옥가락지	94
외로움	96
워터프런트 호텔	97
원고료	98
육날미투리	100
은배꽃	101
이 지독한 사랑	102
이화중선李花中仙	103

인연	104
자서전적인 별	105
전복	106
제야除夜	107
쪽문	108
창덕궁 까마귀	109
추수秋水	110
춤	111
춤추는 자모	112
층간소음	113
치매	114
코드세상	116
폐사廢寺	118
행복해진 꿈	119
허허 벌판	120
호시탐탐	121
여적－말꼬리	122

1부 고요

가계부

아내가 입던 입성이며 모두 다 불 태웠는데 유일하게 남겨둔 것이 있다. 가계부다. 이 세상 살다간 흔적이 아로새겨진 아내의 상처다. 가난하기 이를 데 없는 신혼에 무엇을 아껴가며 알뜰살뜰 할 게 있었을까. 아내는 매년 연말이면 여성지의 부록으로 시중에 나도는 가계부를 사서 썼다. 대다수의 살림을 사는 여자들이 가계부를 쓰다가는 한두 해를 넘기지 못하고 중도에 접고 마는 것과는 달리 69년 신혼 초부터 세상을 하직할 때까지 꾸준히 이어왔다. 《여원》이란 여성지의 별책부록 '일기가계부'. 두부 10, 콩나물 10, 도루묵 4마리 40, 숯 두 봉지 20원, 사과 2개 10, 팬티 110원. 이따위의 물목 이외에 가계부 이름대로 살아가는 일상들도 일기 쓰듯 적어 놓았다. 그곳에는 캐비닛을 장롱삼아 사글세를 살면서 답십리 장안평에 나가 우리 부부가 메뚜기를 잡던 얘기도 있고 갖가지 셋방살이 눈물 나는 설움도 적어놓았다. 자잘한 물품값보다 더 리얼하게 기록한 나의 살아온 행적들…… 내 사생활이 잔속을 썩이듯 낱낱이 기록되어 있기도 하다. 속이려고 해도 속일 수 없는 기록들이다. 참으로 아팠던 것은 통금시절에 매일 술 먹고 외박을 일삼아 코스모스 같이 여린 아내를 남모르는 눈물을 흘리게 한 것이다. 부끄러운 내가 있다. 그래서 첫 권과 다음 권은 내가 가지고 마지막 권은 아들에게 주었다. 앞의 권을 내가 보관하고 있는 것은 가계부에 적힌 나를 두고두고 되돌아보기 위함이요, 아들이 가져간 마지막 권에는 이미 장가 가 가정을 꾸렸음에도 불구하고 지어미 속깨나 태운 아들이 틈날 때마다 보고 느끼라고 준 것이다. 가계부라는 이름도 언제 사라지는 줄도 모르고 날아가 시대 저편의 향수처럼 먼 그리움이 되었다. 하지만 내 가슴속에는 아내의 가계부가 살아 있다. 이제는 내가 독거노인이 되어서 가슴에 아내처럼 가계부를 쓴다. 뿐만 아니다. 정년한 뒤부터 아내 따라 매년 가계부를 적어 왔듯이 시를 쓰고 시집도 낸다. 옛사람이니까 어쩔 수 없이 옛 방식대로 가계부 같은 구닥다리 시를 쓴다.

가족력家族歷

나는 가족력이 있다. 누굴 탓하려면 피를 이은 부친을 들먹여야 하지만 고맙게도 나를 길러주신 아버지를 원망할 수는 없지 않은가. 이 병이 아주 고약해서 나에게서 그치는 것이 아니라 고대로 자식들에게까지 이어져 있다. 그러니 천형처럼 아들손자로 대대로 갖고 산다. 병원에서도 의사들이 온갖 병은 다 신약 개발이다 첨단 수술로 고치면서도 왜 가족력은 근본부터 뿌리 뽑을 방법은 못 찾는지 모르겠다. 유전성이 강한 것이 발병 원인이니까 워낙 가려내기란 참 힘들 것이다. 아무튼 나는 신장 즉 콩팥이 나쁘다. 소식小食에 음식을 가려 먹어야 되는 무척 까다로운 병이다. 이 병에는 마음 놓고 먹어야 되는 음식이 없다. 그런데 병원에 가면 담당 의사도 환자가 가려야 될 음식 정도는 다 알고 있다고 믿는지 별다른 주의 사항도 없다. 그냥 진찰하고 처방전을 준다. 그뿐이다. 거기다 가족력은 아니지만 아버지께서 살아생전에 좋아하고 잘 드시던 음식이 있어서 나도 은연중 따라 먹다보니 식습관처럼 인이 배였다. 매년 여름철이면 아버지는 천도복숭아를 특히 좋아 하셔서 크게 한 입 베어서 시원하게 자주 잡수셨다. 나도 딱딱한 천도복숭아를 매년 한 상자씩 들여와서는 시원하게 소리 내어 먹는 맛에 삼복더위를 이겼는데 이게 글쎄 콩팥에 제일 안 좋단다. 그러고 보니 아버지도 천도복숭아를 너무 좋아해서 수명이 단축됐는지 모르겠다. 바나나도 백해무익이라서 삼가긴 했다. 마음 놓고 먹을 건 없고 굶으면 죽고 먹고 사는 거 참 딱한 팔자요 내 신세다.

가지 맛

　열매를 보면 뼈도 없이 온통 살로 뭉쳐진 타입이다. 하면서도 다이어트가 무엇인지 모를 만큼 날씬하다. 뼈가 없는 고기가 맛있는 걸 못 봤다고 하지만 채소여선가. 끓는 물에 살짝 데친 가지 맛에는 몸의 살맛이 난다. 아기를 낳는 것도 아니고 혼자서 가지고 노는 것으로는 은밀하다. 몸 풀어 본 사람치고는 이만한 물건도 없다고 여자들은 말한다. 내가 먹어보면서 느끼는 맛으로는 사람과 제일 가까운 살맛을 내는 것은 가지다. 어떻게 이런 맛을 내는지 참 희한한 일이다. 그래서 어른들은 말은 안하지만 본능으로 좋아하나 보다. 단것밖에 모르던 시절에는 맛이 없어 고개를 돌리던 이 살맛이 그냥 살색 맛만이 아니라 갖가지 맛인 가지 맛의 준말이기 때문인가. 지천명의 나이를 넘어서야 이제야 겨우 가지 맛 같은 갖가지 살맛을 알 것 같다.

개 울음

개소리는 보통은 도둑이 들거나 낯선 사람이 올 때 내지르는 멍멍 소리이지만 다른 소리도 낼 줄 안다. 예전에 답십리 주택에서 기르던 검정색 발바리는 피아노 소리만 나면 등따라 길게 노래를 뽑기도 하였다. 또 어딘가 맞아서 아프면 감정 표시로 비명도 질렀다. 이런 개는 곧잘 사람과 이어져 욕설이 된다. 개새끼도 있고 개종자도 있다. 또 개 같은 놈에서 입에 담지 못할 욕으로 년 놈 자가 붙은 쌍소리도 있다. 사람들이 천하게 취급하던 개가 어느 사이인가 반려견이 되어 귀염을 받으며 같이 산다. 아마 주거공간으로 아파트가 대량으로 세워지면서부터 짐작된다. 내가 사는 아파트 위층 집은 7년 전에 이사를 오면서 개를 데리고 왔다. 나는 그 개를 한 번도 본적이 없다. 그 개가 수놈인지 암컷인지 이름이 무엇인지 좋은 똥개인지 그레이하운드인지 전혀 모른다. 다만 우는 소리로만 알 뿐이다. 개는 짖어야 하는데 위층 집 개는 운다. 개답지 않다. 아마 낯선 사람이나 주인이 외출했다가 들어오는 인기척에 반응하는 답이리라. 나는 그 소리가 한 번도 활기차다는 느낌을 못 받았다. 마지못해 내는 시늉뿐이다. 사람으로 치면 사흘에 피죽 한사발도 못 먹은 참 뭐라 표현하기에 딱한 기운이 쑥 빠진 소리다. 이웃이 아파트 관리소에 민원을 넣어서 주인이 개를 병원에 끌고 가 성대를 수술을 하였는지 아니면 주인이 울지 말라 윽박질렀는지 영 제 것이 아닌 가성이다. 늘 겨우겨우 기어 들어가며 기죽어 우는 목소리라는 걸 금시 안다. 개도 짖을 때 한 번쯤은 깃발을 꽂듯 목을 세워가며 동네가 떠나가도록 마음껏 우렁차게 목청을 터야 살맛이 날 텐데 죽지 못해 사는 기분일 거다. 개소리 같지만 못 짖는 개는 개가 아니다. 그런 말 못하는 짐승을 만들어 차마 내치지 못하고 사는 주인은 뭐며 또 반려견의 꼴은 뭔가. 가끔 사람들은 너무 자기 위주로 외로움을 달래기 위하여 개와 산다. 어찌 보면 그렇게라도 살아야 하는 사람이 더 안됐다. 어쨌든 곁에 개차반 같은 사내라도 있었으면…… 사내가 있어도 개를 좋아하면 어쩔 수 없이 또 다시 길러야겠지만…… 개나 사람이나 사정이 딱하다.

거실

　추억에는 나름 알뜰살뜰 살아온 꺼지지 않는 그리움이 있다. 사람은 늙으면 추억을 먹고 산다. 우리 집 거실은 추억의 보물 창고다. 아내는 생전에 틈만 나면 돌에 미쳐서 탐석을 잘 다녔다. 내가 보기엔 돌은 그저 돌일 뿐이다. 몸에 이기지도 못할 무거운 돌을 찾아 애지중지하듯 거실로 끌어들였다. 황금 보기를 돌 같이 하며 살아가는 시인의 아내가 된 팔자여서 돌밖에 눈에 안 보였을까. 또 아내는 외국 여행을 가서는 그 나라의 풍물이 담긴 마그네트를 사서 거실의 한 쪽 구석 냉장고의 문이 차도록 붙여 놓았다. 만국박람회 같다. 이것도 다닥다닥 붙은 꼬락서니가 시인 남편의 자유를 사랑하는 무질서라 한다. 내 눈에는 마치 60년대의 성북동 산마루에 늘어진 무허가 판자촌의 애환이었다. 마누라의 내심은 아마 이것이겠지. 삼시세끼 혼밥 하며 냉장고 문 여닫을 때마다 자기를 그리워하라는 거겠지. 그리고 집안에 들이면 복이 온다고 코끼리도 아프리카는 물론 중남미 등 각국의 복이란 복은 다 가질 것처럼 사다 거실장 안에 위에 진열해 놓았다. 아마 코끼리를 실물대로 가져올 수 있다면 마음은 그리했을 것이다. 아내는 독거노인의 소일거리는 추억뿐이라고 미리미리 이런 것들을 갖추어 놓았는가 보다. 나는 그래서 요즘은 주로 집 거실에 머물며 꺼져가는 목숨에 50년대식의 호야불 같은 추억을 먹고 산다. 추억에는 옛날 간 날의 청포묵 맛 나는 그리움이 있다. 같이 살면서 내 것 네 것 가릴 것 없지 마는 오늘 따라 거실에 걸린 소설가 송지영 선생이 83년도 세모에 써준 붓글씨 시유동성덕불고詩有同聲德不孤가 유난히 눈에 띤다.

거울 입력

　벌거벗은 내 알몸뚱이가 거울에 입력되었다. 빛이 반짝 눈을 떴다. 얼마 후 한 여자의 알몸이 내 곁에 와 섰다. 빛이 투사되었다. 여자와 나는 서로 포옹을 하며 웃었다. 포옹을 할 때 서로가 팔에 힘을 주었다. 그것도 사진되었다. 빛이 반색하며 맞았다. 내가 웃으면서 그 여자의 중심이 예쁘게 비친다고 말했다. 그 말에 반응한 여자의 꿈틀거리는 하복부도 입력되었다. 거기는 차마 빛이더라도 눈뜬장님이 됐다. 빛의 각도에 따라 보이기도 하고 평범한 모습으로 비치기도 하는 요술을 부렸다. 그리고는 여자는 거울을 보고 무슨 미스 코리아 선발대회 수영복 콘테스트처럼 요트의 마스트에 기댄 듯 내게 기대어 있는 폼, 없는 폼을 다 잡았다. 그것도 촬영되었다. 여자가 말했다. 이 거울에 비친 장면을 우리 둘이서 가슴에 영원히 간직하자고 했다. 여자는 거울에 입력된 말과 사실과 소리들이 거울 밖을 벗어나면 소리 소문도 없이 사라지는 것을 너무나도 잘 알고 있었다. 내가 말했다. 이 소문이 거울 밖으로 나명들명 조그마한 가시내야 네 말이라 하리라. 사진 거울은 요상하다. 다시 한 번 강조하지만 보는 데 따라 다르다. 옷 입은 남녀가 벌거벗은 알몸이 되기도 한다.

겨울나기

봄이 오면 갈잎나무들은 지난해에 피었다진 꽃이며 잎이며 삶의 열매들은 다시 찾으려 한다. 계절 따라 임산부처럼 점점 무거워진다. 열매를 달 채비를 한다. 사람들은 봄이 오면서부터 한기 들까 봐 겁나 겨울 내내 껴입었던 입성들은 하나씩 벗으며 가벼워진다. 나무는 어이하여 가벼운 몸으로 겨울을 건디고 사람은 옷가지들을 잔뜩 걸쳐야 겨울을 날 수 있는 것인가. 사람들에게는 절기 따라 더우면 벗고 추우면 입는 자연본능이 있다면 나무들은 추울 때 더 추워야 사는 구도자 같은 결기가 있나 보다.

결혼

　생판 모르는 사람끼리 만나 참 용하게 사는 결혼은 마음의 짐이다. 처음에는 사랑만 있으면 태산도 능히 질 수 있는 그까짓이었다. 그녀는 나만 기다려온 천사였다. 그녀의 빈터에 앉아 밤낮으로 시소게임을 했다. 아이를 둘이나 낳고 그럭저럭 학점도 이수하며 과락科落은 면한 줄 알았다. 일심동체가 아닌 것도 일심동체처럼 서로가 연극을 하며 잘도 견뎠다. 그러다 어느 날 나보다는 그녀가 먼저 인생은 감당 못할 짐이라 여겨 좌절했다. 세상을 버렸다. 남은 사람은 어떻게 살아가라고 꽃처럼 지고 말았다. 여기까지가 그녀를 주인공으로 한 영화는 끝이었다. 살아온 그녀와의 정을 뗄 수 없는 나머지 내 삶은 해머를 맞은 듯 그저 멍했다. 마치 한나라의 왕도 임금 노릇을 하다 승하하면 그 밑의 시종이나 신하들까지도 순장殉葬하는 심정과 같았다. 정말 나도 아내를 따라 순장되고 싶었다(여왕도 죽으면 순장제도가 있었는지 모르겠다). 차라리 벼락이나 맞게 해달라고 처음으로 간절히 빌어 봤다. 소용없었다. 날개가 꺾여 지옥으로 가는 천사에게는 어떤 처방전도 필요 없었다.

고맙다 꽃

결혼식이 끝나고 하객들에게 진열된 축화 꽃다발의 꽃을 가져가라고 하여 한 묶음의 꽃을 들고 온 여자가 혼자 사는 내 식탁에 유리병까지 찾아서 꽂아두고 갔다. 따라온 꽃이나 사람이나 고맙다. 꽃병 하나로 늘 음침하고 냉기 감돌던 집안 분위기가 달라졌다. 노루꼬랑지만한 저녁해는 일찍 떨어졌다. 세상은 캄캄 어둠 속이었다. 꽃 꺾어 산 놓은 옛사람은 못되더라도 꽃이 있어 고맙다. 혼자 한술 뜨는 저녁 식사에 모처럼 꽃을 보며 내 곁을 떠난 아내 생각에 눈시울 적시게 하여 감사하다. 꽃이 없었으면 어이 꽃 같았던 아내 떠올리며 눈물을 흘렸으리. 꽃은 내 외로움이나 슬픔을 알아도 모른 체 그저 웃는다. 꽃이 우는 것을 본 적이 없다. 장례식장에서도 슬픔을 웃음으로 치장한 프리마돈나처럼 내색도 없이 천연덕스럽게 앉아 자리를 지킬 뿐이다.

고요

　네팔 포탈라궁에서 어린 스님이 새벽에 일어나 창문을 활짝 연다. 기지개를 켜며 하품을 하다가 뒤를 이을 말이 없어서 지나는 소리처럼 고요하다 중얼중얼거린다. 기막히게 인근의 히말라야가 그 말을 어찌 알아듣고 내가 고요라며 여린 손끝으로 찌릿찌릿 저리게 오는 것이었다. 눈은 고요 자체다. 고요가 만년이나 쌓여 녹지 않는 흰 눈이 되어 차갑게 닿는다. 어린 스님은 그 고요를 하품 하나 쯤으로 예사롭게 받아들이고 기지개를 그친다. 아직은 부처보다 더 믿는 어머니의 감기 조심하라는 말씀이 떠올라 문을 닫는다. 고요만이 아니라 제행무상 모든 것은 아는 만큼만 가진다. 어린 스님은 철이 없어서인지 욕심이 없었다. 도를 닦고 통하는 것도 한 순간이자 찰나였다. 제행을 다 숙지하려면 오르지 못할 나무를 오르다 갑자기 한쪽 어깨가 히말라야처럼 눈사태지어 탈이 나는 것도 어느 새 깨달아 알고 있었다. 낯을 안 닦고도 해맑은 얼굴의 부처가 되어 있었다.

고추

　눈물이 쏙 빠지도록 입안이 아니 헛바닥이 얼얼한 입맞춤처럼 젊은 날에는 톡 쏘는 맛의 여자를 좋아했다. 입으로 아작아작 매운 고추를 씹으며 무엇이든지 아작내듯이 살았다. 내 여편네도 부부는 일심동체라고 새색시 시절부터 청양고추 같은 아니 아들의 잠지 같은 자그마한 고추를 왜 그리도 잘 먹던지 나는 그것이 늘 그리도 궁금했었다. 많이 먹으면 위에 나쁜데, 나쁜데 하면 나쁘면 좋은 데도 있겠지 하며 어떻게 생긴 소갈머리인지 나보란 듯이 개의치 않고 아작냈다. 나를 따라서 식성도 변한 것 같았다. 늘 고추 같은 마누라의 성질이 발딱발딱 살아나서 춤추는 밤이 무서웠다. 그래도 견디고 참고 참으며 살다보면 붉디붉은 사랑의 색이 서서히 살갗으로 스며들어 나도 마누라 사랑을 닮아가나. 겉만 빛 좋은 개살구가 아닌 고추, 내가 고추가 맞긴 맞는 건지 고추는 내해 아닌 마누라의 고추인지 분간이 안 섰다. 섞여 부대기다 보면 낯거리 하는 부부처럼 서로 붉어지려고 한다. 낯을 붉히지 않아도 사는 맛을 은근히 일깨워주던 고추. 그 고추의 기세등등하던 푸른 서슬도 꺾여 가을 햇볕에 말리지도 못하게 되자 궁즉통窮卽通이라고 늙은이에게 맞는 아삭이가 나타났다. 외고집으로 사내나 계집이나 독수공방할 필요는 없다. 시의에 맞게 개종하다 보면 신기하게도 아싹아싹 씹어도 맵지 않은 고추가 시중에 나돈다. 사람들은 매운 것들도 맵지 않은 것으로 변종시킨다. 그런 정신과 마음가짐이 있다. 일생 풀로

만 살라는 법이 있나 고추 잎을 닮은 고추나무도 흰 꽃을 피우며 이 땅의 산야에는 엄연히 있다.

고층유리 청소부

줄 하나에 매달린 목숨은 어느 순간인들 흔들리지 않은 적이 없다. 벽을 마주하고 벽을 닦아야 하는 캄캄한 절망 앞에서 가끔 저 투명한 벽 너머의 나와는 전혀 소통이 안 되는 타인의 삶을 본다. 까마득한 허공에 점 하나로 매달려 바람에 휘불리는 목숨이다. 차라리 삶의 도정이 이럴 바에야 전쟁이라도 터져서 저 유리벽이 산산조각 파편으로 흩어지고 안과 밖이 없는 폐허가 되었으면 하지만(박살나더라도 그런 세상이 되었으면 꿈꾸지만) 그런 불행한 사태는 절대 일어나지 않음을 안다. 나는 매일 거대한 벽 밖에서 벽 안으로 들어가고 싶은 꿈을 꾸는 사람일 뿐이다. 당장 벽이 없으면 하루의 생계가 걱정인 내 삶이 있기 때문이다. 유리벽에 묻은 찌들은 때를 닦으며 들여다보는 저편 세상의 편안함이 결코 내 삶이 아니다. 가난한 자의 궁색한 자기위로면 어떠랴. 내 마음을 닦듯이 말끔히 닦다보면 비록 그것이 한 뙈기의 땅이나 논마지기가 아니더라도 마음먹기에 따라 저 푸르른 창공으로 흘러가는 새들과 구름이 무슨 영화 속 풍경처럼 보이기도 하는 나 혼자만의 한가한 일상을 가진다. 유리벽을 닦는 것이 내 운명이라면 어느 삶인들 한 가닥 목숨을 걸지 않은 삶이 있으랴. 그 운명마저 사랑해야지. 어느 해인가 빌딩 숲속에 자리한 교회의 유리창을 씻으며 내가 갈 수 없는 저 유리벽 너머에 하나님도 계심을 알았다. 거기 내가 아무리 유리벽을 닦으며 간절히 소망해도 대답이 없는 하나님이 있었다. 하지만 실

내에 계신 하나님도 허공에 매달린 내 인생을 보고 당신이 계신 벽 안의 세계로 이끌어 줄 날이 벽을 닦다 보면 있으리라. 나날이 파리 목숨이어도 빙벽에 매달려 오늘 하루를 까만 점 하나로 산다.

공평 박물관 접시그릇

　공평박물관 유적지의 유물에는 깨어진 접시의 밑바닥에 명문銘文 대신에 들국화 한 송이를 그려놓은 것이 있다. 이 꽃송이는 정인情人이었던 도자기 굽는 한 남정네가 남이 볼세라 밀회하던 시절에 만든 접시다. 들녘에 핀 꽃이 너무 예뻐서 임자 염두에 두고 은근히 접시 밑에 새겼다는 곡절이 있다. 꽃보다는 내가 더 좋아서 꺾고 싶다는 욕심까지 담아서 건넨 것이다. 건네받고는 저는 그만 다른 총각에게 선을 봐서는 시집을 가고 말았다. 이 묵묵부답이었던 꽃 한 송이가 살아가면서 늘 마음에 걸려서 어디서나 무턱대고 털어놓을 수도 없는 사연이 되고 비밀이 되고 그리움으로 남았다. 비밀 자리를 물색하다 보니 결국 내 마음도 따라 접시 밑바닥이 되었다. 삼시세끼 밥상머리에 내놓는 그릇이 아니라 나만 알고 나만 음식을 담아먹는 내 그릇이다. 그러니까 이 접시는 시집 식구들도 그 임자가 누구인지 다 아는 내 해이다. 아무도 손을 안대는 내 해다. 내 것이란 말은 죽어 내 무덤에 같이 묻힌다는 의미다. 죽을 때까지 비밀이었나요 비밀이지요. 여러분들도 가슴에 꽃 한 송이 그려놓은 이런 비밀 하나쯤은 가지고 살고 계시겠지요.

관상

　종부세 폭탄 맞은 얼굴이다. 강원도 사투리로 해다 때는 병치레가 하도 잦아서 잃은 자식이나 다름없었다. 중학생 무렵은 점쟁이 집 문전에도 못 가본 부친이 어디서 듣고 와 "너는 인중이 길어서 오래 살 것"이라 했다. 살 가망이 없었던 아들이 멀쩡하니 저놈의 명줄이 어찌되려나만 관심이 있었나 보다. 고등학교는 오래 살아서 뭐하랴 싶어 건성으로 다녔다. 한 서른까지 짧고 굵게 화끈하게 놀다 인생을 종치자며 몸을 시궁창에 빠진 듯 마구 굴렸다. 부둣가에 내팽겨진 비린내 범벅인 생선 대가리였다. 주야장천 폭음폭주의 뱃놈의 피가 흘렀다. 그러다 어찌어찌 대학에 들어갔다. 선생으로 시인 김구용을 뵈었다. 술만 들어가면 무슨 원수가 그리 많은지 말끝마다 "내 원수를 갚아 달라"는 부탁만 실컷 듣고 익히다 끝났다. 그때 내 귀에 흘러온 풍문이다. 스승도 유년에 명이 끊길 상이라 금강산 사찰에 들어 액땜으로 불경을 접하며 컸다고 한다. 중과 연이 닿아선지 관상도 그 당시 시중에 제일 잘 보는 백모씨보다 더 용하다하여 처음으로 내 낯짝을 내밀었다. 복채도 없는 점이었다. 들은 체 만 체 하다가 던진 말씀이 "자네는 이마가 참 잘 생겼어. 다이야몬드처럼 빛나네."였다. 참 이것도 관상이라고 본 것인지 지금도 아리가리하다. 사회인이 되었다. 남들은 얼굴이 나를 비추는 거울이고 자신의 간판이라고 수시로 다듬지만 화장은 마치 기생오라비 치장 같아서 멋대로 지냈다. 얼굴을 꽃처럼 팔지는 않았다. 이

모지방을 사겠다고 냉큼 나설 작자도 없었다. 처음부터 얼굴로는 끝난 인생이었다. 그래도 보릿고개가 제아무리 차디차도 고집으로 시나 쓰며 용쓰듯이 세상을 잘 버텼다. 쪽박 차도 쪽 팔리는 삶은 싫었다. 내 낯짝을 붉히는 일은 X였다. 예수 얼굴을 내 낯에 붙인다고 하나님이라 믿겠는가. 내 얼굴이 부처라 우기면 남들이 두 손 모우고 경배하겠는가. 신체발부身體髮膚는 수지부모受之父母라. 성형외과 의술이 세계 제일이라 해도 부모가 준 대로 큰 망가짐 없이 살 뿐이다.

꿈의 꽃밭

 지금도 하늘의 별을 보고 바다를 건너고 사막의 밤길을 가는 사람이 있다. 옛날 하던 방식대로 오래 길들여진 습관 때문이다. 만일 하늘에 별이 없다면 캄캄 칠흑의 깨지지 않는 벽 같은 그 절망을 인간은 어이 견디었으랴. 아주 큰 것이 도저히 가질 수 없는 작은 것으로 변하여 빛나는(이마저도 직접 못 본 맘모스와 같은 상상이지만), 사랑하는 사람처럼 멀리서 바라만 보아도 그저 좋은 이치를 너는 아느냐. 별나서 별이다. 지니지 않았어도 상상의 나래를 펼치는 꿈을 주는 별이다. 그래서 밤마다 돋는 하늘의 별은 별꽃이다. 우리들이 황사바람과 미세먼지의 재앙으로부터 맑게 가꿔야 할 꿈의 꽃밭이다. 마치 신혼 이부자리 같이 펼쳐진 밤하늘의 별밭이다.

궁금

사람은 어머니 자궁에서 처음 나올 때 다 우는데 봄날에 한 나무가지에서 처음 피어나는 꽃은 왜 웃으면서 태어나는지? 사람은 사람과 사람끼리 짝을 맺어서 대를 이어가지만 꽃은 어이하여 다른 종끼리 만나 수정받이도 하는지?

꽃에게는 한 나무가지에서 처음으로 피어나 보는 세상과 바람과 햇빛의 느낌은 어떤 것인지. 그것만으로도 죽어도 좋은지? 또 한 나무가지에서 수천 송이로 만발했던 꽃들 중에 제일 마지막으로 생을 마감하는 꽃의 비애는 어떤 것인지?

이 지구상에서 처음 태어난 사람이 누군지는 도저히 헤아릴 길 없다. 어느 날인가 지구상에서 인류가 봄날의 꽃잎들 같이 하염없이 떨어질 때 맨 마지막 숨을 거두는 사람은 누구일까. 그리고 그 사람은 울면서, 웃으면서 눈을 감을까?

우리들 지구상에 엮어간 역사와 더불어 매몰되어가다 마지막 내지르는 단말마는 과연 무엇일까? 우리가 만일 그 사람을 안다면, 알 수 있다면…….

그네

 오월 단오절에 사랑하는 여자와의 데이트에서 그네를 태워본 적이 있는지요. 저는 있습니다. 동네에서 가장 오래 살은 큰 느티나무 초록 그늘 아래에 매단 그네에 실은 적이 있습니다.
 그녀가 그네 줄을 단단히 잡으면 내가 뒤에서 하늘로 높이 올라가 별을 따오라고 힘발 좋게 밀어 보낸 적이 있습니다. 두 가랑이 힘껏 벌렸다가 오므리며 하늘로 가는 그녀의 엔진에 시동이 걸리고 마침내는 날쎈 제비처럼 활주로를 떠납니다. 뒤에서 내뿜는 가스가 마치 제트기가 뿜는 방귀이어도 좋기만 합니다. 이걸 본 동네의 양미리 두름 엮듯이 자식을 난 수돌이 아줌마도 처녀 때 생각이 났던지 자기도 그네에 오릅니다. 수돌이 아버지도 밀어줍니다. 수송기라선지 컨테이너 실은 굉음입니다. 그래도 신바람 납니다. 그네 밑에는 사연이 많습니다. 한 동네 어른들 모두가 다 그네를 따라 고개를 왔다 갔다 하면서 숫총각이듯 음침하게 침을 흘려도 오월이 햇살이 그냥 웃습니다. 이날만은 나도 통 크게 인심 한 번 써보자며 동네 남정네들 다 예쁜 우리 각시 좀 보라고 그네를 따라 자랑하듯 한껏 웃어줍니다. 동네 남정네들에게 만천하에 은근히 하는 각시 자랑도 그네를 태우는 것이 제일이니까요.

긁데

20대 초반 무렵이었다. 서정시밖에 쓸 줄 모르던 시의 걸음마였던 시절에 시를 써서 미당 서정주에게 여러 편을 보인 적이 있었다. 그중 시단에 처음으로 선보인 작품인 「사행시초」와 「박꽃」도 있었다. 흔히들 등단작은 시인의 대표작처럼 평생 못 잊는다고 일컫는다. 나에게 「박꽃」은 잊을 수 없으면서도 한편으로는 부끄러운 사연이 깃든 작품이다. "모든 노래 중에 사내만이 모르던/바가지 소리데.//박, 박//그 산 같은 것을 뭉개보려고/고은 손톱에/피꽃이 맺도록 바가지를 긁데"라는 구절로 시작되는 작품에서 "긁데"라는 시어를 "끅데"라고 당당히 적어 미당에게 보였었다. 읽은 미당은 "끅데"가 틀린 자라며 표준말 "긁데"로 바로 잡아주셨다. 그때 내 나이는 갓 스무 살 미당은 마흔 다섯 살 당시에는 이 연세로도 의젓하게 노인 행세를 하던 옛날이었다. 작다면 작은 사소한 일일지 모른다. 내가 놀란 것은 식민지 시절을 살은 이 노인네가 틀린 철자도 천연스럽게 잡아낸다는 것이었다. 그 무렵 나는 무턱대고 시라는 것을 쓰기만 하면 되었지 맞춤법에 맞게 이것저것 갖춰야 되는 것인지는 꿈에도 생각해 본 적이 없었다. 글자 그대로 강원도 어촌에서 올라온 낫 놓고 기억자도 모르는 까막눈이었다. 내가 순간 속으로 제일 뜨끔하고 스스로 놀랐던 일은 이런 무지렁이로 시를 쓰려고 덤볐다는 자괴심이었다. "끅데"에서 "긁데"로 가는 캄캄한 내 무명을 긁어내는 순간이었다. 눈먼 장님이 개명하듯이 밝아

오는 햇살이었다. 무지이면서 무지를 깨닫지 못하고 부끄러움이면서 부끄러움에 눈감았던 내 스무 살 젊음을 어찌 잊을 수 있으랴. 나는 지금도 그때에 가졌던 시의 부끄러움을 평생 금과옥조처럼 여기며 늘 시에서나 삶에서 매사 스스로를 돌아보며 한 발 낮추어 가지려고 하고 있다.

나이

　옛날나이와 요즘나이는 격차가 너무 난다. 그것은 마치 텔레비전을 상상이나 꿈도 못 꾸던 내가 살면서 보게 되고 세월이 변해서 컴퓨터, 휴대폰 등을 일상으로 주무르는 거와 같다. 내 시의 스승이었던 미당 서정주는 '마흔 다섯 살은 귀신이 와 서는 게 보이는 나이'라 노래한 적이 있다. 요즘 같은 세상은 어린나이에 우주공간을 꿰뚫는 인공위성을 보는 나이다. 하지만 스승은 청장년 취급할 마흔 다섯 나이에 무불통지로 늙은이 행세를 하며 귀신도 당연히 만났으리. 실제 느릿느릿한 어투야 천성이 그러려니 하지만 하는 행동거지 하나하나가 완전히 애늙은이었다. 그 무렵 나는 시인이 되겠다고 미당문하생으로 시 보따리를 들고 살림댁을 자주 찾았다. 마포 공덕동 골목진 깊숙한 데 자리한 거처는 좀 경사진 곳에 솟을대문만 하늘 높이 무슨 허풍처럼 서있던 기억이 지금도 남아 있다. 가면 반드시 나는 스승께 공손히 무릎을 꿇고 큰절을 올렸었고 미당은 점잖게 앉아서 서당 훈장처럼 받으셨다. 60년대 초이니 당연히 드려야 할 예였다. 사실 그 시절에는 대처는 몰라도 촌구석에서는 마흔다섯 살이면 충분히 노인 행세를 해도 크게 남들이 손가락질 못하던 시절이기도 했다. 나도 하루라도 빨리 어른이 되고파서 고등학교 아니 중2 시절에 잎담배를 종이에 말아 피우기도 했다. 나이를 먹는다는 것이 마치 애늙은이가 되었다가 어떤 때는 어른이었다가 왔다갔다 하는 과정 같은 것이었다. 실제 초등학교 같은 반에는 장가간 애어른 급우도 있었다. 그것이 내 셈법에 예순다섯에 정년을 한 뒤로부터는 완전히 바뀌었다. 나이를 먹을수록 일찍 죽기보다 한 살이라도 더 오래 살고 싶은 마음이 생겼다. 마치 싸울 때마다 연전연승하고픈 운동선수처럼 되었다. 주변의 친구보다 하루하루를 더 오래 견디어 장수한다는 말을 은근히 듣고 싶은 내일이면 여든세 살을 바라보는 영감이고(요즘은 백세시대를 바라보아 영감이라 안 쓴다지만) 내 나이다. 100에 1을 채우고자 하는 과욕의 '99의 노예'는 아닌지, 하는 일없이 공연히 세월만 축내며 너무 오래 산다는 빈축은 안 사려나, 내 나이가 꼭 그렇다.

남산 봄날 하루

　내 눈에는 봄 햇살 아래서는 다 꽃다운 청춘이다. 걸어서 자전거로 뛰어서 제멋대로 이 산꼭대기까지 올라온 사람들은 어른이나 아이나 혼자거나 짝진 무리거나 구구 각색이다. 어쨌거나 무심히 보아도 꽃이 아직 덜 피었으면 어떠랴, 다 파릇한 자연이다. 사람도 꽃이다. 꽃 보러 왔으니 꽃보다 아름답고 힘차다. 봄도 이 산꼭대기에 사람과 같이 기어 올라와서는 시골사람처럼 외국 사람처럼 서울 구경을 한 바퀴로 끝낸다. 사람도 꽃이다. 사람들도 봄을 달고 더러는 기념사진도 찍고 목마른 사람들은 매점에 들러 물도 사 마시고 각자 나름대로 하하깔깔대다가 올라온 걸음대로 모두들 봄을 매달고 어디론가 사라진다. 모르긴 하지만 봄날 하루는 노루꼬랑지만 해져도 밤에 꾸는 꿈길은 남산만하리라. 봄 하루가 어느 길을 밟던 나 혼자만이 아닌 동행이 있는 북상하는 꽃길이리라.

네플류도프의 외투

60년대 들어서였다. 맨땅에 머리를 박는 빈털터리 신세로 귀신에 홀린 듯 싹수가 노란 시에 미쳐 시인이 되겠다고 동가식서가숙하면서 돌아다니던 시절이었다. 나는 그때 스승으로 이 땅의 제일 으뜸인 미당 서정주의 문하생이었다. 시인이 되려는 집념은 자나 깨나 장대 같이 우뚝하여서 행색이 남루하여도 어디서나 떳떳한 스무 살 청년이었다. 떠돌이로 겨울방학이 되어 귀향하게 되어 스승댁에 하향인사를 드리러 갔다. 내 텅텅 빈 창자 속 같은 마포 공덕동 긴긴 골목. 골목으로 몰아오는 바람은 왜 그리 살 에이는지. 미당은 높은 대청마루에 서 있었고 나는 그 아래에서 작별인사를 올렸다. 스승은 달랑 러닝셔츠 하나에 염색한 낡은 군용작업복 차림의 내 행색이 추워 보였는지 집안에서 겨울 외투를 가지고 나와 입고 고향에 가라고 했다. 그렇다. 네플류도프의 외투보다 더 유명했던 그 군용작업복. 나는 단벌의 이 옷을 눈이 오나 비가 오나 학업을 마칠 때까지 사철 4년 동안 입고 다녔었다. 어깨 죽지로부터 검정물이 하얗게 바래서 같은 학과동기들이 기념으로 자필사인을 해주었던 추억이 깃든 옷이다. 다시 말머리를 이어가자. 생각지도 않은 스승의 배려에 극구 손사래를 쳤다. 본인에게는 외투가 두 벌 있으니까 그냥 입으라고 했다. 눈벌판 속의 시베리아 같은 나에게 이 외투야말로 네플류도프 외투였다. 아아! 측은지심惻隱之心이 인仁의 단서端緖였어라. 그 무렵 또 미당은 5.16 군사혁명으로 세상이 뒤집어져서 한동안 집에 칩거하며 공부한다고 톨스토이의 『안나카레니나』 러시아어 원서를 나에게 읽어 뵈기도 했다. 나는 이 외투를 입고 한해 겨울을 어머니의 외가 결혼식도 가고 어지간히 싸다녔다. 개학이 되어서는 스승이 준 네플류도프 외투라며 여학생들에게 자랑깨나 늘어놓았다. 그러다 봄이 되자 벗어서 스승에게 세탁도 안하고 반납하였다. 왜 네플류도프 외투인가 하면 한때 카츄사를 사랑하다 버렸지만 다시 만나면서부터는 끝까지 책임감을 갖고 사랑했던 사연을 지닌 옷이기 때문이다. 여자를 지키는 마음을 가진 남자만이 걸치는 옷이며 그게 바로 나라며 한때 진짜 네플류도프처럼 착각하며 다니기도 했다. 이제는 그 추억도 다 지나갔다. 다른 것은 몰라도 시에 대한 열정은 다시 한 번 그때 20대처럼 있어봤으면 원이 없겠다

대구서문시장

 코로나19로 박살난 대구서문시장은 마치 서울 공평동 박물관 유적지 폐허처럼 쓸쓸하다. 해종일 바람손님만 휩쓸고 오갈 뿐이다. 그 박물관 깨어진 접시 밑바닥에는 누가 그렸는지 알 수 없는 들국화가 있다. 나는 그 문양처럼 대구 밑바닥 민심도 조만간 파릇이 살아나 꽃이 되기를 간절히 빈다. 밑바닥은, 시민들은 밟혀도 끈질기게 살아나는 풀 같기 때문이다. 반드시 가게마다 꽃송이처럼 따뜻한 불빛들이 하나씩 둘씩 새어나오고 웃음꽃이 피어나리라.

대비 對比

일 년에 한 번씩 모이는 초등학교 동창회를 갔다. 얼굴 본 지 오랜만이라 서로 반갑게 악수하고 인사 나누는 도중에 낯선 여자도 보였다. 친구들 중 누구의 안사람인 줄 알고 그러하거니 했다. 형식적이지만 시간이 되어 동창회장의 인사를 필두로 총무의 금년 한해에 생긴 길흉사 등 잡다한 경과보고가 있었다. 그 와중에 작년까지는 나하고 홀아비로 동급이었던 동창 녀석 한 명이 올해는 어디서 눈이 맞았는지 꽃다운 계집을 하나 꿰차고 나와서 자기 마누라라고 인사시켰다. 동창 가시나들은 다 늙은 쭈그렁바가지 급인데 좀 전에 본 파릇파릇 데친 나물 같은 낯선 아주머니가 바로 그 여자였다. 자식, 기는 놈인 줄 알았더니 나는 재주도 가졌구먼, 난다, 날아. 어느새 새파란 마누라도 얻고 동창 모두가 축하 박수를 쳐주었다. 나도 곁따라 박수를 치고 있자니깐 곁에 있던 동창 하나가 내 옆구리를 툭 치며 너는 새 장가를 안가냐고 했다. 여자가 있어야 가지. 힘없이 대꾸를 하고 나니 왠지 나만 뒤처지고 진짜 못났다는 생각이 들었다. 거기다 나를 더 필 받게 한 것은 누구 약 올리는 건지 굳이 나에게 마누라를 데려와서 다시 인사시키는 거였다. 죽은 조강지처 생각은 눈곱만큼도 없는 놈. 먼저 죽은 사람만 억울하지. 새 각시 옆에 찰싹 달라붙어 있는 매미 같은 놈. 속으로 헐뜯고 내리깎으며 있자니까 동창들 중 누군가 서로 입을 맞추어 보라는 소리가 들렸다. 놈은 기다렸다는 듯이 좋아서 불같은 키스로 화답했다. 내 눈에 차마 눈뜨고 못 볼 꼴불견 아니 내 눈에 불이 일었다. 그걸 보니까 어쩜 저리도 죽은 마누라는 손톱 끝만치도 염두에 없는 걸까, 라는 생각이 들었다. 이제는 사라진 옛날이 되어 버린 허상 같은 아내를 못 잊고 하루하루를 견디는 나와 은근히 대비되어 그 친구가 한없이 부러웠다. 둘이 만나 새 살림을 차렸으면 모든 걸 깡그리 잊고 저렇게 정답게 사는 게 백 번, 천 번 옳지 하는 긍정과 한편으로는 나에 빗대어 부정하는 또 하나의 내가 보였다. 이제껏 내 나이가 여든이 넘도록 살아왔으니 다른 사람과 견주어보는 일일랑 이제 좀 그만 하자면서도 그 티를 못 벗고 갈팡질팡하는 내 민얼굴이 미웠다.

도배

　아파트의 위층과 아래층과 사이는 천지지간 이어도 서로 조화를 이루며 살아간다. 조화라는 것은 서로가 서로를 생각하고 걱정하고 조심하는 데서 이루어지는 것이다. 이 무관하던 사이가 지나다 보면 가끔 틀어지는 경우가 있다. 하늘도 층간소음처럼 기르던 개가 짖듯이 천둥벼락이 일기도 하고 마치 어린아이가 뛰듯이 구름 구르는 소리를 내기도 한다. 하늘의 소음이 고스톱 치다보면 더러 예기치 않게 똥 설사하듯이 큰 물 질 때도 있어 지상은 갈팡질팡 이리저리 헤매지만 상시 그런 것은 아니다. 땅도 마찬가지다. 비나 바람이 불어 만물을 키우고 살찌우기도 하는 한통속 조화다. 아파트에서도 주민들이 서로가 이웃을 배려하고 고맙게 누리며 아량을 베풀고 주고받으며 일상을 영위한다. 주거공간으로 보면 인구에 비해 아파트 밀집도로 세계에서 으뜸인 나라에서 사람들이 별 탈 없이 사는 걸 보면 참 신통방통하다. 칭찬할 만하다. 그러다 그 칭찬이 간지러워 며칠을 못가 시비가 일고 만다. 바둑으로 치면 하루아침사이에 이웃 간에 천지대패가 아주 사소한 일에서 벌어진다. 가령 위층의 화장실을 잘못 써서 내리는 물이 흘러 아래층 하늘인 잘 발라놓은 천장 벽지가 떨어진다면 언제나 하늘 아래의 땅의 백성은 우산을 쓰고 찾아올 수밖에 없다. 아래층에서는 나름의 하늘이라고 이웃처럼 믿고 잘 살았는데 그 하늘이 본의 아니게 탈 난 것이다. 다음부터는 하늘과 땅 사이에 일이 아니라 사람과 사람 사이의 일이어서 대개는 도배를 한 종이 한 장으로 사단이 나고 만다. 하늘이었던 위층이 잘못이고 하늘이 마땅히 책임지겠다고 했으니 보기 싫고 불편하더라도 서로 이해를 하고 잘 기다리고 고쳐주어서 해결을 보고 끝나지만, 다시 한 번 얘기하지만 사람과 사람의 일이라서 바둑처럼 천지대패가 일어나서 극단으로 어느 한쪽이 어쩔 수 없이 그 집을 버리고 다른 데로 이사를 가는 불행한 일도 있다. 하지만 이런 일을 미연에 방지하려고 아파트 관리소가 있다. 집나간 고양이에서부터 치매 걸린 할머니의 심인방송은 물론 주민들의 코로나 예방수칙 폐지수거도 알린다. 뿐만 아니다. 계단에 방치해 두는 자전거나 물건 등등 일일이 예거하려면 한도 끝도 없는 일들을 초등학교 학생들 교육하듯이 시도 때도 없이 조심하라 하지 말라며 일러 준다. 마치 스피커 공해 같다. 이 사실은 모든 주민들이 다 인지한 일이다. 그렇다고 하더라도 사람의 일이라 도배지 한 장의 일은 당신과 나 사이에 언제나 벌어질 수 있는 어쩔 수 없는 남아있는 불씨다.

도치

　서울에 살면서도 해마다 겨울이면 시장에서 구해와 말려서 김치 두루치기를 해먹는 물고기가 있다. 일명 심퉁이라 불리는 고기다. 둔하고 어딘가 바보 같고 맛은 순하다. 그런데 이름은 고집스럽게 심퉁이다. 물에 술 탄 듯 술에 물 탄 듯 그게 그거인 삶을 살아온 나도 한 번쯤은 내 스스로가 미워서 더러 심퉁질 하고 싶을 때가 있다. 심통이 터지면 누구도 못 꺾는 강씨 고집이다. 그 내력은 아버지로부터 이어받은 족보가 있는 가족력이다. 20층 아파트 베란다에 심퉁이를 매달아 놓으니 동네방네에 간판 걸고 이 집은 심퉁영감댁이라고 소문내는 것 같다. 그러거나 말거나 아버지가 생계를 꾸리려고 눈 감을 때까지 고집스럽게 집착하시던 바닷가 해변의 덕장 생각이 난다. 어릴 때 자란 고향바다가 그립다. 바람이 부니 심퉁이가 마치 물을 만난 고기처럼 살은 듯이 꿈틀꿈틀거린다. 심퉁이야, 바다가 그리운 심퉁이야, 너도 나처럼 바다가 너무 너무 보고프면 그 푸르름의 물결이 하늘을 먹은 바다로 변할 수 있다. 넓고 푸르른 하늘을 바다 삼아 심퉁이야 좀 미련하면 어떠냐. 네 이름처럼 고집 하나로 헤엄쳐 가거라.

두 줄짜리 약력

　시를 써서 청탁한 잡지사에 줄 때 원고 끄트머리에 약력을 달게 된다. 경력으로 성균관대학교 교수 역임이라고 쓰면 대개는 성균관대학교 명예교수라고 고쳐 싣는다. 나는 내 입으로나 내 손으로 절대 명예라는 말을 쓰거나 입 밖에 내본 적이 없다. 정년퇴직하여 겨우 퇴직연금을 받게 된 것도 군인 생활을 퇴직연도에 합산해 주어서다. 명예교수라는 직함도 대학에 나름의 법이 있어서 거기에 맞아야 주게 되는 것으로 알고 있다. 나로서는 별 탈 없이 대학에서 밥 얻다 무사히 대학문을 나선 것만으로도 개인으로는 명예다. 그렇다고 제멋대로 붙일 일은 아니다. 위법이다. 약력에 명예교수라고 다는 것이 나로서는 영 불편하여 정년 퇴임교수라고 써도 굳이 명예교수로 고치는 일도 있다. 하긴 명예라는 말이 좋고 중요하고 빛깔나기도 하지만 나는 아니어서 싫다. 어떤 국회의원처럼 대학은 분명 같은 대학인데 지방분교를 졸업한 것을 서울 본교 출신으로 위장하여 탈이 나는 예도 보았다. 그것은 아니더라도 다른 사람들의 약력 난을 보면 거짓은 절대 아니지만 별별 것도 자기 자랑이라고 달고 시시껄렁한 상도 가문의 영광이라고 늘어놓고 하지만 나는 시 쓰는 사람에게 시나 좀 부끄럽지 않게 만들면 되었지 하는 일념으로 약력도 한두 줄 정도로 달고 만다. 약력에 이것저것 다는 것들을 다 허섭스레기 같다하면 내가 산 인생도 그렇게 되니깐 그렇게 말은 못하겠지만 자신이 생각해도 너무 무거울 정도로 다는 것은 오히려 불편하지 않을까. 어떤 유명인사의 화려한 약력에는 그 간판만큼 부당한 도적질을 해서 스스로 쇠고랑을 차거나 목숨을 끊는 것도 봤다. 그래서 굳이 얘기하자면 법정 스님이 무소유처럼 어떤 시인의 시에서 다 내려놓으니 홀가분해서 좋다고 했는데 사람이란 또 죽는 날까지 필요한 것은 다 가지고 살아야지 다 내려놓거나 버리고 살 수 없는 거란 것이 내 소관이다. 나는 그런 연유로 그나마 두 줄짜리 약력을 제일 분명하고 무거운 것으로 하여 달고 산다.

등대

　그림자도 없이 왔다 어물쩍 지나간다. 도깨비불처럼 휘익 가는 길인가, 30년 전에 바다엘 나가 소식 끊긴 순돌이 아범이 비친다. 내가 귀신이 씌워 잘못 봤나 눈이 갑자기 침침해진다. 캄캄한 넓고 넓은 밤바다에 눈에 불을 켠 호랑이 눈처럼 큼직한 달을 본 거 같다. 먼 바다로 멸종된 고기를 양식해 풀어주러 나간 빈 배가 보인다. 그 빈 배를 만선처럼 이제나 저제나 돌아오길 양은대야를 머리에 이고 부두에서 기다리는 미친 개똥 어멈도 있다. 부두에는 미친 여자가 한두 명은 꼭 있다니까. 태풍이 가로수 나무들을 휘저어 놓듯 꿈자리가 어수선한 사람들이 부은 얼굴로 하나씩 둘씩 모두 나온 부두거리다. 비린내는 등대불로도 지울 수 없다. 밤이면 도리질만 하며 보채던 아이 같던 등대도 쉬고 있다.

매미 울음

태어난 명줄로서 울음밖에 남길 게 없어 한 일주일 울면 그칠 줄 알았다. 울음이 그치면 다른 울음이 찾아와 그 뒤를 잇는다. 그 소리를 듣다보면 나에게 와 붙어서 우는 것 같다. 울 만하다. 이 더러운 세상을 나 대신 억울하다고 울 만하다. 가슴이라도 울어 시원하라고 울 만하다. 그보다 울면서 짝을 찾는 것 하나만으로도 울 만하다. 나름으로는 못하는 게 없는 울보가 매미다. 설마 울면서 날지는 않겠지. 여름이 끝나는 어느 날 그 울음도 막바지가 있어서 울음의 잔치도 한숨 넘기고 종무소식이었다. 일생 우는 소리만 듣고 나는 것은 못 보았는데 다 어디로 울음을 수거하여 갔는지 모르겠다. 행불이다. 나는 매미울음에서 울음이 반드시 슬픈 것만이 아니라는 것을 터득한다. 자꾸자꾸 울다보면 실타래처럼 풀려서 끝날 때가 있다. 장마 끝에 보이는 청명한 하늘처럼 맑아질 때가 있다. 울음이 맑아진다는 것은 매미에게도 가을이 있어서다. 내 인생도 매미처럼 가을이 와 죽음의 때도 맑아졌으면 좋겠다는 생각에 잠겨본다.

무지개

　책의 낱장처럼 바람에 휙휙 뒤집혀 쌓여버린 나날들은 혜초慧超가 파밀 고원을 지나며 노래한 "눈은 차가워 얼음과 겹쳐 있는" 것과 같다. 어느 것 하나라도 다 지난하였다. 그 일상을 혜초는 도 닦는 스님이니까 견디었지만 평민인 우리들에게는 참기 힘든 세월이었다고 속단하지 마라. 하루하루가 긴하고 요하여 파밀고원의 정상을 오르는 마음으로 힘들게 살 수밖에 없다. 이를 악물다보면 인생은 때로는 더러 기분 좋은 날도 온다. 아아한 꼭지에 이르면 알다시피 세상만사가 다 발아래로 보여 하늘마저도 발아래 있는 기분이다. 그 기분을 위해 사람들은 누구나 빙벽 같은 절망을 이기고 나면 정상보다 더 궁금한 산 너머 저쪽으로 무지개다리를 놓는 자신을 만나게 된다. 한 발 두 발 오르기보다 무지개처럼 건너뛰거나 걸칠 꿈을 가진 마치 내가 아닌 나를 만나게 된다. 순간이지만 모두의 가슴에 우리는 모든 것이 다 들어 있는 무지개를 띠운다. 하지만 무지개는 영원하지가 않다. 하늘에 걸려 갖고 싶어도 결코 내 것이 될 수 없는 환상이요 기분이다. 실체가 있다고는 하지만 그것을 가진 사람을 만난 적이 없다. 단지 하늘이 인간에게 꿈을 가지라고 만든 조화일 뿐이다. 낮이면 사라지는 별과 같다. 어른이 되고자 하는 아이들은 무지개를 좇는 꿈에 젖어 하늘에 뜬 구름처럼 이부자리에 밤마다 오줌 자국을 지릴 것이다. 그래서 예부터 선인들은 모든 걸 다 겪고 나면 일장춘몽이라 했나보다.

바다

영화를 봤다. 태평양 미드웨이 해전에서 일본 항공모함에 있던 해군 수천 명이 일시에 물귀신 되는 아비규환을 보았다. 큰 배라고 절대 좋아하거나 안심할 일이 아니다. 오히려 수많은 국민들이 자기 부모 형제들이 죽는 것을 보고 미치지 않는 것이 사람으로서 독하기보다 이상했다. 바다는 전체가 다 아가리다. 또 수장되는 힘을 가지고 배를 띠우기도 한다. 생과 사의 양면성이다. 그때부터 병사들을 그렇게 수장하고도 시침을 떼는 멀쩡한 바다가 무서웠다. 오징어철이면 남의 배를 타고 학비 좀 벌어보려고 그렇게 바다에 나가고 싶어도 아버지가 극구 말려서 못나갔던 아쉬움도 아버지의 만류가 백 번 천 번 지당하다며 영화 한 편을 보고 알았다.

밤하늘

내가 저 아득한 밤하늘에서 수천 개의 별무리들을 한눈에 볼 수 있다는 것이 즐겁다. 그리운 옛날이 펼쳐져 있는 것 같다. 그 별 하나하나가 우리가 사는 지구보다 비슷하거나 거대해도 내 눈에 콩알만한 별빛으로 반짝인다는 게 참으로 신기하다. 뿐만 아니다. 사랑하는 그녀와의 데이트에서 입 맞출 기회를 못 찾아 헤매고 있을 때 마침 낭만처럼 밤하늘을 가르며 곡마단의 공중그네처럼 유성이 흐르고 있었다. 나는 저 별이 흐르는 부드러움을 보며 그녀의 가슴이 울렁 파도를 타게 홀려놓고 그 틈새에 입술을 빼앗아 내게 못 잊을 추억을 만들었다. 그 밀착을 생각하면 지금도 나는 영원한 사춘기소년이다. 그것은 저 유성이 얼마나 큰 것이며 도저히 내가 실감할 수 없는 우주공간 속을 헤쳐 어떻게 흐르고 어디로 사라지는지도 모르는 신비함보다 더 감격스런 키스였다. 우리들의 젊은 날은 마술처럼 밤하늘에 별이 있어 사랑이 이루어지기도 했다.

밥 나무관세음

　탁발 공양하는 스님들도 밥 시주 받거나 공양 때면 다른 스님과 함께 하는데 대처에 사는 소생은 늘 독방에 수감된 죄수처럼 외톨이다. 마음의 부처를 꺼내어 같이해도 외로운 것은 외로운, 별 용뺄 재주가 없다. 그래 밥 때면 산을 불러다 같이 하며 월정사도 세우고 물가에서는 낙산사도 지으며 바다와 더불어 한 술 뜨다 말다 했지만 다 흐르는 구름이고 뒤집히는 파도의 거품이었다. 속은 내색은 안했지만 아수라처럼 들끓다 맥없이 입안에서 먹는 둥 마는 둥 우물쭈물 사라졌다. 그저 입은 벌려 밥은 넣지만 한 술 한 술이 다 신음소리가 저절로 새어나오는 고행이었다. 그러다 밥 먹는 일이 너무 힘들어서 포기하고 살다가 그저 살자는 일이거니 매끼 습관처럼 자세나마 바로 하자고 결가부좌 짓자 무념무상, 나도 모르게 저절로 도 닦는 시간이 되었다. 부처님 모든 게 자기변명 같은 위로이지만 저는 부처님 모습 따라 사바세계를 건너며 밥을 먹습니다. 부처님처럼 안 먹어도 먹은 듯 배부른 밥 한 술 뜹니다. 나무관세음.

배

　인간은 태어나면서부터 세상이라는 넓은 바다를 헤치고 가야 하는 한 척의 배와 같다. 갓난이였을 때는 어머니라는 모선 곁에 매달린 구명보트이거나 아니면 달마가 갈잎 한 장으로 바다를 건넜다는 갈대배였다. 오직 생명에 대한 생래적인 강한 집착과 무모한 순수만이 있었다. 유소년 무렵에는 나무로 만든 전마선처럼 뒤뚱뒤뚱 연안 포구를 헤매며 먼 바다로 나갈 항해술을 익혔다. 사춘기가 되어서는 심장의 고동소리가 통통 뛰는 발동선이 되어 밤새워 연애편지를 쓰듯 푸르른 바다를 갈랐다. 대학을 나오거나 병역을 거치는 나이가 되면 조금은 내 한 몸으로서의 의무감에 매인 전함이었다. 싸울 준비를 갖추었다. 사회라는 거친 바다에서는 가족을 싣고 좀 더 안전한 항해를 하고 싶은 연락선이나 기선을 꿈꾸었다. 늙어서는 오래 항해한 배의 일생이 그러하듯이 폐선이 되고 만다. 크루즈 같은 호화유람선은 아무에게나 주어지는 것이 아니다. 폐선이 되어서는 지나온 바다를 추억하며 산다. 쓸쓸히 버려질 때까지 연안 부두에 침몰되거나 한적한 모래사장에 정박한 채 일생을 마친다. 바다를 그리워하는 항해의 꿈은 이미 접은 채…… 이것이 인생이다.

백발

　세월이 가거나 말거나 살아왔듯이 늙거나 말거나 견뎌온 하루하루다. 어느 날 거울을 보니 낯선 노인 한 분이 서있었다. 도저히 나라고 믿을 수 없는 내가 있다. 사랑하는 마누라도 어느새 간다는 말도 없이 부두를 배회하는 갈매기처럼 나래를 펴고 돌더니 떠났다. 아들, 딸들도 내 곁에 없는 것이 스스로 상책이라고 여겼는지 슬그머니 피난보따리 싸듯이 갔다. 무소식이 희소식이라고 누가 말 했나, 가면 그뿐이다. 그런 것들이 소리 소문 없이 눈으로 내렸다. 백발이다. 독수공방에 의지할 곳 없는 노인이 머리에 쌓인 흰 눈이 무거워 고개를 제대로 들지 못하고 있다. 이 눈은 지난 세월을 되돌리지 않으면 스스로 가지고 살아야 할 별 수 없는 눈이다. 봄이 와도 녹거나 사라지지 않는 눈이다. 치우려 해도 치울 수 없는 눈이다. 온채로 그냥 살 수밖에 없는 눈이다. 팔십 년 세월의 무게가 쌓인 적설량이다. 그래서 백발이 성성한 노인으로 산다. 미우나 고우나 내 것이니까 사랑하며 살아야지. 눈도 꽃이라 하지 않았는가. 나는 산다. 까뮈의 소설 「페스트」의 첫머리에 나오는 꽃을 인 아낙네들의 걸음처럼 모든 슬픔을 떨치듯 씩씩하게 봄길을 간다. 물론 사라질 꽃임을 알지만 오늘만큼은 아름다움으로 영원할 것처럼 나간다. 꽃바구니를 머리에 이고 팍팍한 사막길을 걸어 나오는 부녀자들처럼 나에게도 어느새 하나님께서 눈꽃을 이게 하였다고 여기며 웃는다. 눈꽃을 머리에 이었으면 누군가는 사갈 사람이 있겠지.

없으면 어떤가. 막연하지만 믿으며 사는 거니까. 코로나로 소통이 막혀도 오미크론이 닥쳐도 또 어떤 변종이 와 물결쳐도 사는 사람은 살아야 하니까 적응하며 산다.

보청기

늙어 보청기를 귀에 끼어도 이제 양쪽 귀 모두가 깜깜 먹통이다. 들리지 않으니까 세상 사람이 다 내가 나쁜 놈이라 손가락질하는 것은 보여도 욕하는 소리는 몰라서 약이 된다. 하나님이 와서 아무리 다급한 소리로 전화사기를 치려 해도 귀머거리에게는 통할 수 없다.

사치

옷 티가 폼 나는 사람이 따로 있다. 반면 아무리 값 비싼 고급 브랜드로 나보라는 듯이 치장을 해도 거들떠 보기 싫거나 피에로 같은 사람도 있다. 옷으로 돈 자랑 권세 자랑 은근히 하고 싶어 하지만 아무리 애써도 별 용빼 재주 없는 사람들이 있어 사치가 수많은 여자들을 웃고 울게 만든다. 언청이도 웃으면 예쁘다는데 그렇지 않다. 꽃이 피었다고 다 한결같지 않듯이 입는 사람에 따라 달라진다. 특히 허영기 꽉 찬 여자일수록 누구보다 명품 정보에 밝고 출시하면 남들보다 먼저 구매하려고도 한다. 한심한 탐욕 탓이다. 사치가 사람을 치사하게 만든다. 반면 명품은 걸쳤으되 수수하게 빛나는 사람이 있다. 제 몸에 맞는 옷이 자연스럽게 받쳐주고 있다는 말이다. 명품도 크게 마음먹어서 산 한두 벌 정도다. 참 희한한 것은 옷이 입는 사람의 취향이랑 인품도 아는 것 같다. 옷이 날개다. 지금 국내는 대통령부인의 지나친 옷치장으로 돗떼기 시장이 되었다. 개인 코디네이터도 두었단다. 사건이다. 외화내빈이다. 아마 단군 이래에 처음 있는 일이리라. 옷에 곁들여 핸드백, 브로치, 구두 열거하는 것들 거개가 다 명품이다. 민심은 이반되었다. 소문이 꼬리에 꼬리를 잇는다. 이 불을 끄자고 국민소통 홍보수석이 이곳저곳에 말 그대로 대변大便 아닌 대변을 하는 현금이다. 입으로 싸고 또 싼다. 일반인들은 외출할 때나 무슨 모임 때 입고 나가던 명품도 걸치기가 괜히 신경이 쓰이고 걸리적거린다. 조심성 있는 여자들도 늘어났다. 며칠 전에는 옷값 파동을 잠재우려는 듯 북악산을 개방하고 대통령 부부가 사이좋게 산행을 했다. 여기서도 문제가 터졌다. 폐사廢寺가 된 법흥사 연화문 초석楚石에 내외가 부처님처럼 천연스럽게 앉아 있었다. 다른 사람들은 다 서서 도열한 모습이었다. 이거야말로 선시禪詩의 한가락 같다. 무슨 말이 필요하랴. 알라스카로 가라. 아라비아로 가라. 침몰하라…… 침몰하라…… 침몰하라.*

*서정주 시 「바다」에서 차용.

새

　천국으로 갈 수 있는 날개를 가졌어도 무슨 떠나지 못하는 사연이 있는지 되돌아온다. 온갖 부귀영화를 누리며 살 듯 부지런히 모이를 쪼다 훌훌 내려놓고 태산준령을 넘는 방랑객이 되어 하늘길에 오르기도 한다. 유유자적한 삶인 듯 모든 것을 털고 떠나다가는 갑자기 풀과 나무로 엮은 정든 녹색 보금자리에 미련이 남아선지 제자리로 와 앉는다. 언제나 도포자락처럼 날개를 펄럭이다 그만 접는 새는 바람구멍처럼 새는 곳이 많아서 이름도 새다.

새들

　새들도 나는 것보다 걷고 싶을 것이다. 하지만 새들은 날아다닌다. 그냥 걷는 것이 귀찮아 나는지는 모른다. 하지만 새들이 나는 이유는 다른 곳에 있는 것 같다. 우선 새들도 날렵한 몸매를 유지하기란 쉽지 않다. 그래서 체중조절하려고 나는 것 같다. 다음에는 먹이를 찾기 위하여 나보다 날쌘 것들로부터 내 한 몸을 지키기 새들은 난다. 또 그것으로도 모자라는지 아침마다 모여 운동하듯이 무리지어 난다. 우리가 공원이나 광장에 모여 뒤쳐지지 않고 건강을 유지하기 위하여 열심히 팔다리를 움직이며 국민체조를 하듯 새들도 발레리나처럼 우아한 비상의 나래를 펴며 하루를 연다.

선거

오늘 지팡이에 의지해 힘을 내 살아서 마지막일지 모르는 선거를 하고 왔다. 마지막이니까 선거를 해서는 뭐하나 그냥 포기할까 하면서도 그래도 나에게는 사람이 좋아서 사람을 믿고 누군가에게 도장을 찍는 것이 너무 마음에 들어 하고 왔다. 내가 찍었어도 투표한 사람이 누구인지도 잘 모른다. 그저 이 사람이라면 좋은 세상 만들어 주려고 불철주야 노력하겠거니 하는 믿음 하나를 걸고 찍었다. 희망, 믿음이 있다는 것이 얼마나 좋으냐. 마누라하고 살 때도 마음으로는 수백 번 찍어 봤지만 한 번도 누르지 않았던 도장을 드디어 용단을 내어 흰 천으로 가려진 기표소 안에 들어 용지에 비밀의 날인을 하고 돌아섰다. 집에 와 내가 투표한 것이 잘한 일인가 판세는 어떠한지 궁금해 컴퓨터를 켜고 유튜브를 통해 대선 투표율을 보고 있으니 댓글에 모두 천당 가세요 라고 올라와 있다. 천당, 좋은 데 가라는 말인 줄은 알겠다. 허나 천당, 거기는 죽어서 가는 곳이 아닌가. 빈말이 아닌 현실 천당은 없는 것인가.

설한풍雪寒風

　먹물 같은 밤길을 갈 때면 어디서 알고 나타났는지 동무가 되어주었다는 전설 같은 이야기가 많이 내려오는 멸종이 된 조선 호랑이입니다. 하늘의 썩은 동아줄을 타던 호랑이에서부터 민화 속에서는 아주 마음씨 좋은 아저씨로 앉아있던 호랑이까지 동지섣달 설한풍만 불면 사나운 발톱으로 문을 긁으며 으르렁댑니다. 싸락눈 때리는 소리입니다. 내 유년에는 창문을 흔드는 그 소리에 무서워서 잠을 설친 적도 있습니다. 할머니는 어쩌다 안방문이 열리면 기겁을 하고 "호랑이 들어온다. 문 닫으라"고 야단쳤습니다. 늙어 풍 맞는 것도 겁나고 한해가 다르게 추위를 타기 때문입니다. 외풍이 하도 심했던 우리 집의 아랫목은 밤이면 서로 차지하려는 자리다툼이 났습니다. 달콤한 곶감 하나를 던져주면 곧잘 넘어가던 호랑이도 말을 안 들었던 겨울밤입니다. 호랑이 꼬리처럼 바람꼬리가 깁니다. 동화 같던 옛날 옛날에는 조선의 어머니나 할머니들의 시인 같은 얘기를 들으며 저는 코흘리개 어린 시절을 크며 자랐습니다.

섬
―이홍섭에게

섭! 하고 부르면 내 고향 강릉의 바다 터미널 포차에서 소주 한 잔에 섭을 까먹자던 시인 이홍섭이 떠오른다. 대못을 박은 것 같은 토착. 바다가 없는 서울은 섬처럼 멀다. 외로운 사람들은 다 다정한 듯이 산다. 심심산골 같이 찾아오는 사람이라고는 TV 종편 프로그램의 진행자뿐이다. 여러분들도 귀 막고 숨 막아야 외로움의 열반을 보여주는 바다 속에 잠수해 본 적이 있을 것이다. 강릉하고도 주문진이 그렇다. 주문진은 전국의 관광버스가 제일 많이 모여드는 부두의 남대문시장이다. 번잡할수록 외로워진다. 바다 때문이다. 바다는 별유천지다. 감춰진 물의 풍경 속은 열반의 신비다. 그 별천지에 토박이로 사는 조개가 있다. 자연산 홍합인 섭이다. 홍섭이다.

내 스승 월탄 박종화는 강의실에서 섭을 동해부인이라 했다. 그것도 동해의 맑고 푸른 소금물에 뒷물 치듯이 씻긴 속살의 붉은 조개. 바위에 찰싹 달라붙어서는 죽기 살기로 떨어지지 않는다. 검은 식칼을 입에 문 여자의 일편단심 같다. 무슨 처녀라고 조개 하나로 그리 버티나. 새들도 시골 새와 도시 새는 다르다. 섭도 바다에 살지만 버틴다. 속살의 생글한 맛도 버틴 맛이다. 은빛 속껍질은 자개장 그림이 되어 "벽오동 심은 뜻은 봉황을 보자더니"라는 노랫가락이 저절로 입에 걸린다. 이 모두는 파도를 허옇게 물었다 뱉으며 긴긴 세월을 우려낸 소금 같은 눈물로 이룬 것이다. 세상에 섬만큼 Y라인도 S라인도 따질 것 없이 여자를 생각하며 먹는 음식도 없다. 바다가 바닥이 되어 우린 눈물의 열반을 아는 내 고향이다. 서울은 물 없는 섬처럼 멀다.

2부 쪽문

성묘省墓

　아버지. 저희 5형제 중 불초자가 가장 늦게 남아서 명절 때마다 아버지를 뵙게 되어 행복합니다. 제 위에 형들은 유명幽明을 달리하여서 다 아버지 곁으로 가고 그 식솔들도 제 각각 뿔뿔이 흩어져 저희들 묘소에 제사를 지냅니다. 그나마 저만 저의 아들내외와 손자들을 이끌고 와서 뵙니다. 아버지께 죄송한 말씀입니다만 소자도 이제는 허약해져 손수 장만하여 올리던 제물祭物도 며느리가 받겠다고 하여 이제는 다 물려주었습니다. 제가 이승에서 아버지를 못 뵈어도 아들내외가 이을 것이고 그 밑 손자 대까지는 저도 가늠할 수 없습니다. 저희들 내외는 다 고향바다에 수장水葬 하여 성묘할 일이 없습니다. 한 세상 사람 사는 게 다 뿔뿔 산산이 흩어지고 이렇습니다.

소이부답 笑而不答

이태백은 「산중문답」이라는 시에서 '마음이 절로 한가하여 웃으며 답을 안했다'고 읊었으나 웃으며 답 안하는 경우는 여러 가지가 있다. 대꾸할 새도 없이 바빠서도 그러하다. 화가 나서 답하기 싫을 경우도 물론 있다. 몰라서도, 알면서도, 싫어서도, 좋아서도일 수가 있다. 가령 우리의 시인 김상용도 '왜 사냐건/웃지요'라고 노래했다. 나는 김상용의 시를 학생들에게 수업시간에 강의하며 이 시구를 화두삼아 웃음에 대하여 말하라고 했다. 거기에는 답이 없었다. 강의 끝날 때까지 답이 없었다. 답이 없다는 것은 모두가 정답이라는 말과 같다. 구구각색이 다 답이었다. 각자가 웃으며 말을 안 하는 것은 돌아올 답이 내가 바라는 답이 아님을 너무나 잘 알기 때문이다. 우리나라 정치인 중 5선이나 되는 분이 당 대표의 부당한 처사에 한 말씀 하다 반박이 들어오니 논하기가 싫어선지 묵묵부답이었다. 왜 그러는지 살피니 사무실 벽에 작고한 그의 선배 별되는 정치인이 휘호한 액자 한 폭이 걸려 있었다. 오늘 같은 일을 내다본 것인지 그 휘호가 '소이부답'이었다. 아마 이 분은 성나고 화나서 웃을 처지는 아니더라도 액자 글씨대로 '부답' 하나는 지킨 것 같다. 더럽고 같잖아서 응대 안하는 부답이 마음에서 우러나온 묵묵부답인 것은 분명하다.

추이追而; 제자들도 강의실을 나가 삶의 의미를 찾고자 한지도 어느덧 무심한 세월은 흘러 환갑이 지났다. 웃는 낯에 침 못 뱉는다고 묵묵부답으로 살아온 그들의 삶에 이번에는 웃음을 묻는 게 아니라 왜 사냐고 물으면 무슨 답이 나올까. 도연명처럼 채국동리하彩菊東籬下 유연견남산悠然見南山 그들과 마주앉아 가을 향기를 머금은 술 한 잔의 즐거움을 얻으리.

수술실에서 · 2

 위암수술 때 콩팥 하나도 더 떼내자고 했다. 쓴맛단맛 다 맛보며 살아온 인생이지만 한 번에 큰 수술 둘은 생전에 들어보지도 상상도 못했었다. 마른하늘에 번개 치듯 수술이 시작됐다. 하필이면 병 수발 들던 아내가 점심을 먹으러 잠깐 비운 사이에 갑자기 나를 싣고 수술실로 갈 사람들이 들이닥쳤다. 나는 아내의 얼굴도 못보고 죽을 수도 있다는 생각에 기막혔다. 아무도 없이 어찌 수술실로 가느냐고 했다. 아니 아무도 없이 어찌 죽느냐고 했는지도 모른다. 수술할 의사들이 모두 대기하고 있으니 나중에 가족이 오면 수술실 문 앞에 와 있으면 된다고 재촉했다. 완전히 마魔가 끼었다.

 수술실로 도살장에 들어서는 소처럼 끌려갔다. 오만 가지 별생각이 다 떠올랐다. 그 중 순간 임종 전 내 스승 미당의 모습이 보였다. 미당은 병실의 침대에 누워 한 쪽 손에 늘 꽃처럼 염주를 쥐고 있었다. 염주 덕분인지 얼굴은 염화미소처럼 그윽했다. 믿음이 없는 나는 죽어서도 저런 얼굴이 아닐 거란 생각을 하니 더럭 죽는 것이 겁이 났다. 무심했던 설마가 죽을 수도 있다는 유심이 됐다. 내 마음 꽃 한 송이 던지면 받을 아내는 지금 부재중이다.

 수술실 문턱을 넘을 때면 누구나 이승과 저승 사이에 선다. 불길한 구름이 덮친다. 바람에 일렁이는 촛불 속에 비취는 죽음의 헛

그림자도 본다. 알몸뚱이로 수술대에 옮겨지고 드디어 마취의 바늘이 꽂힌다. 쓸개를 떼 낼 때는 서른의 젊은 나이였다. 살기가 힘들어서 이대로 눈감아도 원통할 게 없었다. 지금은 죽어도 별로 슬프지 않은 일흔 가까운 나이다. 그런데 나는 이름 없는 한 송이 꽃이더라도 소생하고 싶다. 마치 지푸라기 같은 목숨이지만 하루를 살더라도 믿는 것이 있이 살다 죽고 싶다. 천상의 연화자리 같은 수술대 휘황한 불빛 아래서 이승인지 저승인지 모를 길을 까마득히 가면서 나는 온화한 얼굴로 죽게 해 주십시오 수없이 빌고 빈다. 화등잔 만한 의식이 마취되어 개미처럼 까물까물해질 때까지 기도한다. 마취가 죽음처럼 편안하다.

슬픈 Y담

내 고향 주문진에서는 바닷물고기도 절기 따라 사는지 아카시아꽃 필 때면 영락없이 꽁치가 잡혔다. 고맙게도 초등학교 동창에게서 꽁치회 먹으러 내려오라는 기별이 왔다. 일흔의 나이에도 누가 갯가 사람이 아니랄까봐 사내나 계집이나 꽁치회에 죽고 못 사는 우리들이다. 소식 오기가 무섭다. 서울 사는 초등학교 동창생끼리 영동고속도로를 타고 서울에서 주문진까지 달린다. 마음은 제트기류를 탔다. 차속은 주둥이만 살아 동동 뜬 일흔답게 처음부터 Y담 천국이었다. 특히 한 달포 전 팔순의 홀아비와 맺어진 과부 동창생은 갓 결혼해서인지 달콤 쌉쓸한 Y담을 입에 달고 살았다. 하하 호호로 내려가는 고향길이었다. 배꼽들은 모두 빠진지 오래되었다. Y담을 듣던 동창 중 한 명이 '야 너 그러지 말고 라이브로 늬 신랑하고 첫날밤 새운 얘기 좀 해 봐라. 고사리 같은 물건으로 그게 되긴 되데……', 한참을 망설이던 여동창생이 지 허즈 고사리 운운 품평회가 싫었던지 '고사리, 고사리 같은 소리 하지 마라. 나 피 나왔어!?' 시침 뚝 따고 던진 한마디에 모두들 기가 막혀 웃어야할 대목에 '어머, 어머머' 하더니만 기절초풍 말도 못하고 그만 조용해지고 말았다. '지가 무슨 처녀라고 첫날밤을 치렀다고 피가 나와.'

동에서 서로 바쁜 유월이었다. 집에 온 다음날 이번에는 대학동창끼리 몇이서 서천 판교로 매실 따러 갔다. 그곳은 동기 중 한 명의 고향이었다. 초등학교보다는 좀 많이 배워서인지 어딜 가나 빠질 수 없는 Y담이 이번에는 간간히 이어졌다. 내가 Y담 중 피나온 얘기를 옮겼다. 듣던 동창들이 모두 같은 또래의 칠순이어서인지 웃음 토네이도가 휩쓸었다. 영동고속도로에서 못한 초등학교 동창끼리의 웃음을 서해안 고속도로에서 대학동창들이 대신했다. 하도, 하도 깔깔대니까 바다도, 하늘도, 땅도 연쇄반응을 일으켰다. 웃다가는 바다도 하하하 증발하고 하하하 땅도 하늘로 뒤집혔다. 무아지경이었다. 그리고 화두가 시작됐다. 술 한 잔에도 바둑을 두면서도 매실을 따면서도 '나 피 나왔어' 화두 만발이더니 마침내 그날 밤에는 역사적인 유혈사태가 벌어지고 말았다. 우리나라와 아르헨티나와의 월드컵 경기를 보면서 진짜 피를 보는 비극이 벌어졌다. 오, 필승 코리아! 어쩌다 이런 일이…… 이런 일이……. 내 고향 주문진에서는 내년에도 아카시아꽃 피면 꽁치회 먹으러 오라는 기별이 있겠지만 서천 사는 친구는 다시 매실 따러 가자고 입에 담을지 어떨지 나지도 않는 피를 철철 본 하루가 가고 있었다. 아 늦봄 하루는 유행가 가락처럼 애련히 가고 있었다.

승부勝負

　흔히들 이기고 지는 것을 병가지상사兵家之常事라 한다. 오랜 식민지의 구원舊怨으로 무슨 일이든 붙으면 이겨야 되는 불문율을 가진 나라가 있다. 일본이다. 특히 스포츠에서 그러하다. 일본과의 시합에서 이기면 천하를 가진 듯하고 지면 이를 갈며 밤잠을 못 이룬다. 지금은 많이 유해졌다지만 세계적인 큰 승부에서 패하면 국민에게 큰 죄를 지은 듯 고개를 못 든다. 특히 나 개인으로서는 한일전 여자배구 경기가 그렇다. 우리 여자선수들이 이기면 세계에서 제일 예쁜 선수들인 거 같아 가슴이 은근히 뿌듯하고 설렌다. 어쩔 수 없다. 은연중 선대로부터 수없이 당하며 겪어온 저들의 노략질 탓이다. 반면 일본은 어떤가. 일부 극우파들은 무슨 불상사가 나면 걸핏하면 조센징 탓으로 돌리려 한다. 모든 면에서 갈라파고스화 되고 있다지만 빙산의 일각으로 무관심은 금물이다. 저들이 가진 복선이나 내막에 신경을 써야 한다. 강한 데는 한없이 아첨하고 좀 약하며 무자비하게 짓밟는 섬나라 근성을 가진 무리들이다. 우리는 36년을 그렇게 당하면서 살았다. 근일 소부장으로 압박하다 비명횡사한 아베의 성깔이 그 본보기다. 아베의 정책은 아닌 밤의 홍두깨였다. 내실을 다져야 한다. 승부를 겨루려면 강하거나 힘의 균형이 필요하다. 다 가지고 싸우자고 하는 것과 아닌 차이는 하늘과 땅이다. 지피지기知彼知己면 백전백승百戰百勝이라는 경구를 잊지 말자.

승어부勝於父

　한 여든 쯤 세월을 살다 보니까 내가 하는 일들이 아버지를 닮은 것이 너무나 많다. 문득 문득 아버지가 나로 살아서 내가 아버지인지 아버지가 나인지 둘 중 어느 것인지 모를 때도 있었다. 아버지의 피를 받아서 시도 써오게 되고 바람처럼 떠돌던 장돌뱅이였던 아버지의 발을 가지고 세계 여러 나라로 구름 나그네 되어 흘러 다녔다. 일상의 사소한 것들이 너무 허다하다. 이런 것을 내 시사였던 미당 어른은 친구의 자제를 시인으로 만들며 덕담으로 승어부하여라 했다. 나도 이 말을 듣고 승어부한 일이 뭐가 있는지 되짚어보았다. 확실한 것은 아버지의 수보다 더 오래 살고 있다는 거였다. 승어부, 글자대로 애비를 이기라는 말이다. 우리는 날것으로 사용하기보다 좀 점잖게 자식이 아버지보다 괜찮았으면 하는 덕담 정도다. 그런데 프랑스에서 실존주의를 맛본 우리나라의 어떤 시인은 아버지를 죽이는(죽이는 것이 이기는 것이니까) 내용의 시를 긁적이기도 하고 서구에서는 아버지보다 한 술 더 떠서 타인을 단지 무의식으로 강한 햇볕 때문에 살인을 하는 이야기를 소설로 써 유명해진 글쟁이도 있다.(아마 더위 먹어서겠지) 나는 그러거나 말거나 어차피 아버지는 이기고 싶어도 이길 수 없는 싸움, 이기는 것보다 천도복숭아가 시중에 나도는 여름이면 이 과일을 아버지를 따라 한입 가득 물고 씹는 것이 좋다. 미운 세월을 씹어 죽이듯 소리 내어 씹는 것이 좋다.

시집

　일생 글쟁이로 살아 내 머리에 어디서 이런 생각이 나왔는지 낸 책도 수십 권이어서 그럭저럭 글쟁이로 견딜 만하다. 한데 다른 건 몰라도 시집을 낼 때마다 부끄럽다. 젊어 한때 한잔술에 취해 입버릇처럼 '천하의 강우식'이라 하던 기염은 어디 가고 어느새 이 꼬락서니로 주름만 파였나. 한숨과 더불어 이렇게 밖에 못쓰나 하는 자괴심이 어쩔 수 없이 일어난다. 대낮보다 더 환한 거울 같은 손바닥 시집. 내 시집은 스스로 말하기 두려운 내 거울이다. 나라는 위인이 내가 나를 보여주는 자성이다. 아무리 용 써봐야 이만큼 밖에 안 되는 걸 비치는 무엇으로서 은폐할 수 없는 거울이 시집이다. 나는 내가 쓴 시집을 보면서 부끄럽게 부끄럽지 않게 인생을 살아왔다.

심장

삶은 메트로놈의 오가는 추대로 고르고 일정하지는 않다. 팔십 평생을 고맙게도 심장이 뛰어주어 수족을 움직이며 살았다. 지지리도 못난 내가 뭐가 좋아서 만나 이렇게 사는지 모르겠다는 죽은 마누라의 입버릇처럼 심장도 나와 더불어 버텨왔다. 살면서 멈추어 죽고 싶을 때가 한두 번이 아니었겠으나 그래도 좋은지 살아주었다. 마라톤 선수처럼 끈질기게 살아주었다. 나는 심장은 당연히 뛰어야 하는 줄 알고 뛰어서 좋다는 것의 산다는 의미를 별로 느끼지 못하고 지냈다. 산다는 것은 꼭 그런 느낌을 모르고도 자연스레 살아지는 것이다. 젊었을 때 분출했던 사랑의 감정들이 버림을 받으며 가슴도 죽은 줄 알았었다. 그 죽을 것 같던 심장이 아직도 멀쩡히 잘 뛰어 나는 살고 있다. 심장에는 산다는, 그저 있음으로서 살아간다는 무심한 슬픔 같은 것도 있나보다. 그게 마치 멸종될까 봐 걱정되는 내 마음속 심심산골의 '립스틱 물매화' 같다.

아이를 보며

　서너 살 되는 아이가 mp3의 동영상에 정신이 빠져 있고 그 곁에서 부모는 편한 자세로 점심을 먹는다. 나는 저 아이 나이 때에 무엇을 하며 장난을 했을까. 별 뾰족한 생각을 떠올리는 게 없다. 한 가지 분명한 것은 세끼 밥 잇는 것도 힘든 시절이라 식사 때만 기다려지고 밥상머리에 숟가락 들고 거머리처럼 붙어 있었단 기억이다. 고작 놀이라고 해봐야 이상의 수필 한 대목처럼 흙에다 오줌이나 누고 흙장난이나 하며 노는 것이 다였다. 그런데 천지개벽의 세상을 만나서 꿈에도 상상 못했던 경험을 했다. 트랜지스터라디오에서부터 시작하여 텔레비전으로 컴퓨터로 휴대폰 등의 기물들을 만나 주무르게 되었다. 또 비행기 타고 새처럼 하늘을 수시로 날며 오가는 별주부전의 용궁 같은 세상을 오늘을 누리리라고 어찌 상상이나 했겠는가. 무서운 아해와 무서워하는 아해로 살아왔지만 5천년 역사에서도 오늘 같은 기적은 없었다. 오늘 mp3 동영상에 빠져 있는 아해는 먼 후일 내 나이 칠십 서너 살쯤 되면 어떤 어른이 되어 있을까. 아마 모르기는 하지만 저 아이의 세월은 나보다 훨씬 무섭게 변해서 무서운 것이 없는 아이가 되어 있으리라. 어른 같은 아이가 되어서 장난처럼 달나라도 수시로 오르내리리라. 아니 달나라에 거주하며 지구를 수시로 오가고 무서운 것이 없는 아이가 되어 있으리라. 인체의 모든 장기들을 약장 서랍처럼 마음대로 여닫고 갈아 끼우는 아이. 희노애락의 감정까지도 조절할 수 있는 아이. 나처럼 슬픈 사랑이나 슬픈 영화 같은 것은 아예 눈길도 안 주는 아이. 아 아, 실연의 달콤한 슬픔은 알기나 할까. 저 아이의 먼 후일이 실제 내 상상대로이고 제 아무리 '똑똑한 아이'일지라도 왜인지 모르지만 내 생각으로는 '멍청한 아이'이어야 마땅하다는 상상을 해 본다. 그런 어른인 내가 슬프다.

앰버그리스

아버지의 바다에서 나는 똥 한 덩어리로 태어났다. 똥에도 꿈이 있다. 천덕꾸러기로 막 자랐지만 봄이면 작대기로 받친 지게 위에 똥장군 얹고 다니며 열심히 거름을 주어 채소를 기르는 꿈이 있었다. 유목민처럼 염소나 당나귀의 마른 똥으로 땔감도 하고 벽도 바르며 가축을 기르듯 자식을 낳아 알콩달콩 사는 꿈으로 나날을 지탱했다. 똥으로 매대기 치며 지냈으니 죽어서도 똥이 될 수밖에 없는 꿈으로 도배했다. 내 죽으면 바다에 묻히리라. 바다에 가 말향고래로 태어나리라. 그리고 지상에 할 수 있는 마지막 봉사처럼 밤이나 낮이나 고래똥을 만들어 싸리라. 지상의 인간들은 고래똥으로도 향수를 만들 줄 아나니. 천금의 황금 같은 앰버그리스. 내 자식들 살기 힘들 때 팔아 쓰라고 아니면 가난한 어부의 아내가 행운처럼 주워 살림에 보태라고 해당화 핀 고향바다 모래사장으로 둥둥 띄워 앰버그리스를 한 뭉텅이씩 보내리라. 가족과 이웃이 더불어 산다는 게 뭔가. 그 답을 앰버그리스로 묻는다.

양반

　옛날부터 양반노릇하기가 어렵다는 말을 자주 들어왔다. 사람이 사람다운 일을 못하면 개나 짐승이 다름없다. 예로부터 아버지께서 나를 키우시며 일러준 말씀. 그만큼 양반이 우리네 살아가는 모든 행실에 잣대가 되었다. 그렇다고 양반이 일반 평민과 다르긴 하지만 모두가 다 양반인 것은 아니다. 양반을 팔아서 순한 평민을 수탈하고 별의별 짓을 다한 경우도 부지기수다. 초록 잎 트고 꽃이 피면 그것들도 양반만의 것이더냐. 그 그늘 아래에서 돗자리 까는 것도 그들만의 것인 양 양반들은 놀았다. 이 땅의 산천경개가 마치 저들만의 것처럼 지화자 했다. 그러던 세상이 개명하여 바뀌었다. 국민이 양반보다 더 힘이 센 무리가 됐다. 하지만 국민을 팔아 말인즉슨 정치를 한다며 모든 권력을 갖고 무소불위로 히히대기는 매한가지다. 정치인이라고 다 같은 정치가냐 라며 투덜대며 도매금으로 취급당하는 거 싫은 정치인 있으면 나와 봐라. 초록은 동색이다. 부정선거로부터 작정하고 시작하여 요즈음의 대장동이다 뭐다 입방아가 시끄럽다. 일언이폐지왈 대대로 거슬러가며 들통 난 사례가 그 무리를 이루니 국회 해산 운운 하는 말도 나오는 것도 사실이다. 한마디로 죽일 놈들이다. 사회 각 분야에 걸쳐 K-팝, K-드라마, K-배터리, K-밥까지 모든 거 앞장 서 가는데 정치만 후진국 수준이라 흰소치 않느냐. 평양감사보다 더한 수탈이다. 굳이 반상을 따질 것 없는 세상이라지만 그래도 해먹을 거 정도껏 꿀꺽하는 양반을 내세웠던 옛날이 오히려 그립다. 대도라고 한때 떠들썩했던 조 모某가 좀 도둑이었듯이 이모라는 양반도 지역토착비리라니 그런다고 형량도 줄어들까.

연어

늦가을로 접어들면 곰이 겨울을 나려고 강가에 나가 모천회귀하는 연어를 잡아먹듯이 나도 시장에서 연어 대가리와 뼈들을 사서 먹는다. 북국에 사는 사람들처럼 햇볕을 쬐어 굳이 연어에게 많은 선 샤인 비타민을 가질 필요는 없다. 그러나 마누라 없이 혼자 사는 추위를 조금이라도 덜어보려고 불에 아삭하게 구워 뼈 채로 씹어 먹는다. 아는 이는 드물지만 연어는 배 밑 지느러미가 센 고기다. 잘 씹히지 않는다. 하지만 이상하게 나머지 뼈들은 기름지고 연하다. 생래적으로 연한 생선이란 뜻이다. 그래서 이름도 연어인가. 몸통을 관통하는 뼈만 아니라 날카로운 이빨을 가진 머리통도 먹어보면 얼마나 기름투성이인지 금방 안다. 그러나 내가 놀라는 것은 종족번식을 위해서 하나뿐인 목숨도 기꺼이 버리는 희생정신이다. 일생 단 한 번만 있는 산란을 위해 거센 물줄기를 비상하도록 단련된 강철 같은 지느러미를 가졌음이다. 나는 연어처럼 몸의 어디인가에 강한 지느러미를 갖고 싶다. 목숨을 가진 생물 중에서 태어나면서부터 자기가 언제 죽는지 알고 사는 것으로 연어 말고 또 있는가. 더 이상 자식을 둘 수 없는 늙은이로 낙찰된 신세지만 나름의 비상하고픈 꿈이 있어 삶의 목표가 뚜렷한 강철 지느러미 하나를 훈장처럼 달고 싶다. 매년 꿈은 꿈으로 허탕 짚지만 삶의 한기를 조금이라도 면할 수 있는 연어의 지느러미 같은 꿈마저 버리면 당장 내가 살아가야할 내일이 없어서다.

열 살 무렵의 피난기

열 살 무렵에 나는 이미 외로움에 인이 배겼다. 그 외로움이 일생 나를 시 쓰게 만들었다. 유월 어느 날 어른들이 장난이 아닌 장난 같은 총질을 해대기 시작했다. 아버지는 그 총질을 피해 식솔들을 이끌고 타다 걷다 하며 포항까지 피난을 갔다.

가도가도 팍팍한 황톳길이었다. 국민학교 3학년 갓 올라갔을 무렵이었다. 오복이와 꺾복이 형제가 토박이이면서도 지지리 가난해 학교도 못 보내는 초가집 단간방에 세를 들었다. 방은 장판도 신문지 담벼락도 없는 맨 흙방이었다. 비포장도로처럼 먼지가 풀풀 날리는 방바닥에 C-레이션 박스를 주워와 깔고 살았다. 삶은 늘 가파른 언덕길이었다. 어른들은 하루살이 인생처럼 숨이 턱밑까지 차고 철모르는 나는 심심했다. 하루가 심심하게 가면 또 다른 하루가 심심하게 찾아왔다. 같은 또래의 아이들은 모두 학교엘 가 수용되어 있었다. 교실에서 공부하는 아이들을 바깥창문으로 들여다보다 그것도 심심하면 운동장을 뜀박질도 해보고 혼자 놀았다. 행복해 보이는 아이들 곁에서 내 슬픔을 되질해 보일 필요가 없었다. 무심한 척했다. 그때부터 혼자 노는 일에 이골이 나서 지금도 혼자 잘 노나 보다. 그러다 누군가 흘린 야구공 하나를 운동장 풀숲에서 꿈의 알을 찾듯이 줍기도 했다. 마치 하나님이 외로운 나에게 선물로 주신 것 같았다. 잃어버린 아이의 심정 같은 건 내 알 바 아니었다. 외로워서 야구공 속에 내 모든 꿈을 담으며 지냈다. 늘 하루해는 쓸쓸히 붉게 저물었다, 하루가 가고 하릴없이 또 하루가 시작되면 어떤 날엔 형산강에 가 탄피를 줍기도 했다. 둑 하나를 두고 서로 죽기살기로 싸웠다는 불발탄이 널려 있는 사지 같은 형산강. 아직 피비린내가 가시지 않은 둑에서 탄피를 주어 고물장사의 엿과 바꿔 달콤한 인생을 맛보기도 했다. 아니 그보다 더 달콤한 인생도 있었다. 누가 가르쳐 준 영어 한마디인지 모르지만 안홍비행장을 오가는 미군 트럭을 만나면 '헬로 츄잉검 쵸코릿 기브 미 오케이'를 손 흔들며 외쳐 양키들이 던져 주는 과자들을 거지처럼 주워 먹으며 더 달콤한 인생을 맛보기도 했다. 밤이면 석유 등잔 밑에서 부엉이처럼 까만 눈만 멀뚱거리다 다섯 식구가 각자 피곤을 못 이겨 단잠이 들고 해 뜨면 습관처럼 깨었다. 방은 마치 피난열차의 화물칸 같이 미어 터졌지만 눈비 가릴 곳이 있다는 것만으로 감사하고 감사한 나날이었다. 어른들은 피난살이가 진저리난다고 하지만 나에게 진저리나는 것은 세끼 식사였다. 누가 지은 이름인지 모르지만 진저리라는 해초를 섞은 깡보리밥을 고추장에 비벼 정말이지 배터지도록 진저리나게 먹었다. 해초는 먹은 대로 그대로 배설되어 나왔다. 요즘 같으면 웰빙이니 유기농이니 하며 반길 일이 막상 없는 주제에 매끼를 먹어보라. 어떠한가. 심심해서 노는 것이 시간 때우는 것이었다. 그 일상에 떠오르는 것이 있다. 포항에서만 본 적이 있는 '꼬스레기' 낚시였다. 이 고기처럼 바보인 고기는 나는 이제껏 만난 적이 없다. 꼬챙이 낚싯대를 호수에 넣기만 하면 물고 올라오는 고기다. 어지간히 내 심심풀이에 동무가 되기도 했다. 외롭고 외로운 유년인 줄 알며 이제껏 살아왔는데 아주 외톨이였던 것은 아니었나 보다. 더러는 늦봄이나 가을이면 어른들 몰래 꺾복이, 오복이랑 보리서리 풋콩서리를 하여 밭둑에서 입술이 까맣게 먹은 기억도 있다. 아 정말이지 그냥 묻힐 뻔할 요즈음도 가끔 꿈에 나타나는 보물상자 얘기 하나 해야겠다. 어느 칠흑 같은 밤이었다. 집 근처에 조그만 개울 같은 강이 있었다. 그 강물 속으로 아버지는 오동나무 상자 하나를 버렸었다. 그곳에는 일제 강점기의 은전이 가득 담겨 있었다. 그 무렵 한창 첩자가 나돌아 다녔는데 이들이 몸에 은전을 지니고 다닌다는 괴소문이 나돌아서 간첩으로 오인되어 가족이 화를 입을까봐 미련 없이 강에 수장시킨 것이었다. 아버지와 같이 간 내 눈으로 지접 본 사실이었다. 은전이 가득 담긴 행방을 모르는 비밀상자. 아깝다. 텔레비전에서 방영되는 남태평양 깊은 바다에서 건져 올리는 보물선을 볼 때마다 아깝다. 열 살 무렵에 나는 이미 어른들이 겪어야 할 인생을 다 겪었다. 지금 서울역 근처나 영등포역 근처의 노숙자들보다 더 힘들고 괴로운 인생을 나는 요지경처럼 열 살 나이에 다 살았다.

오징어 게임

　애들 장난으로, 애들의 놀이를 가지고 450여 명의 사람을 죽이는 것을 전쟁도 아니고 게임이라고 하다니. 드라마를 만든 감독의 머리가 기발하기보다는 미쳤다. 또 전 세계가 그 드라마에 빠져 그야말로 흉내 내고 돈 때문에 목숨을 던지는 드라마가 되어 가는 것도 골 때린다. 그야말로 13인의아이들이13인의아이의아해가되는 13인이다. 아이들은 없고 어른들의 아해들만의 난장판이다.

옥가락지

　　내 시의 스승은 고창 사람 서정주다. 하늘도 이를 데 없이 청명한 어느 날 국화꽃 핀 공덕동 사저에서였다. 갓 스무 살 학생이었던 나를 앉혀 놓고 무슨 하늘의 기별이라도 있었나보다. 느닷없이 손가락에 낀 옥반지를 보이며 아주 천진하게 "어때 이쁘지, 이쁘지!" 하였다. 나는 이 자랑이 무슨 귀신 씨나락 까먹는 소리 같았다. 아니 삼류 신파의 한 대목처럼 유치찬란하기만 하였다. 그리고는 아주 까마득히 잊고 있었다. 그러다 결혼반지라는 것을 기실인즉 나도 가질 일이 생겼다. 일생 같이 할 여자에게 좀 상스런 표현이긴 하나 내 물건처럼 금테 두르듯 손가락에 끼고 살라 준 적이 있다. 그마저도 저승 간 아내가 가져가 버렸다. 참으로 요사하게 못 잊겠다는 듯이 저승길로 영영 가져가 버렸다. 그리고 스승이 종천終天하신지 십 수 년 나도 늙어 팔십 수에 이르렀다. 모든 살아온 날들이 허전하고 섭섭한 나이가 되었다. 어느 날은 내 손가락이 왠지 고자처럼 허전하고 심심하였다. 그것을 달랠 심사로 옥반지나 하나 끼어 볼까 하는 마음이 일었다. 하지만 옥가락지를 끼고 내보일 여자가 있어야지 하고 쓴 입맛만 다시었다. 그때마다 미당의 그 비취빛 하늘을 닮은 옥반지가 잊히질 않았다. 내 눈에 어떤 때는 아련히 어슴푸레 때로는 삼삼히 나토는 것이었다. 그 옥반지는 사랑하는 신부에게 둥근 보름달 마음을 담아 끼워 주듯이 그리운 사람을 그리워하는 마음가짐이 있어야만 시도 물 흐르듯 해진다는 스승의 무언의 말씀과 같았다. 이승과 저승을 가리지 않고 이어주는 무언의 인연으로 다가오는 신 새벽 같은 깨우침이었다. 하늘에서 달 뒹구는 소리도 옥반지가 떨어져 구르는 소리처럼 가지고 살라는 말씀이셨다.

외로움

　날은 저물고 둥근 달은 휘영청 밝은데…… 50년대의 활동사진관에서 듣던 변사의 판박인 세리프 같은 밤이었다. 아버지에게 "다 큰 녀석"이라는 불호령과 함께 무슨 큰 꾸중을 듣고 싸리 빗자루로 쓸어내듯 집밖으로 쫓겨난 적이 있었다. 불 켜진 방안에서는 쫓아낸 자식 걱정은 터럭 끝만치도 없는 가족들의 웃음소리가 들리고 어디 갈 곳도 없는 나는 천애고아와 같은 마음신세가 되어 추녀 밑에 쪼그리고 앉아 있었다. 그때 나는 외로움이란 방안과 방밖의 차이임을 어렴풋이나마 알았었다. 그런 의지가지 할 곳 없는 마음에 찾아온 동무가 달이었다. 달은 조용히 다가와서 자기 일처럼 외로움을 나눠 가졌다. 그것이 고마워 나에게는 어느새 달과 같은 외로움이 피어나서 마침내는 달꽃이 되었다. 칠흑의 밤하늘을 혼자 가는 달처럼 밝고 맑고 고운 외로움이 되었었다. 외로움을 지우려고만 할 게 아니라 맑고 곱게 키워 가다보면 달처럼 고요하고 맑은 미소의 여자도 얻게 되리라는 셈이 들었었다. 천애고아 같은 외로움도 가져봐야 더욱 가정의 따뜻함도 절실해지는 내력도 터득했다.

워터 프런트 호텔

　워터프런트는 파지장波止場. 마론브란도도 이 부두거리에서 한 때 청춘이 박살났던 곳. 한 아흔은 되었을 할머니가 워터프런트 호텔 2층 카지노로 올라간다. 워터프런트는 인생도 그러하듯이 밀려오고 밀려오던 파도가 더 넘지 못하고 주저앉은 곳에 마구 내닫지만 말고 좀 자신도 돌아보며 쉬어가라고 들어선 호텔이다. 대저 나이를 먹는다는 것은 삶의 많은 것들을 변하게 하고 때로는 포기하게도 한다. 그런 나이에 할머니에게는 카지노에 걸 무슨 인생이 남아있는 것일까. 카지노 2층 계단을 오르는 데도 숨이 차선지 기운이 부쳐선지 한 번에 올라가지 못하고 중도에 한참을 쉬었다 오른다. 아흔은 됨직한 할머니. 그녀에겐 기를 쓰고 올라가야할 인생의 깨져도 좋을 도박판이 아직도 남아있다는 말인가. 버리고 버려도 미쳐 못다 버린 한 남자에게 올인했던 지난날처럼 무슨 미련이 남는 판이 아직도 있는 것일까. 막장인생의 고비길에 도박판에 미친 집착은 무슨 기운일까. 죽어도 좋은 아흔 나이가 아직은 가질 것도 많고 쓸 곳도 많은 아니 깨져도 좋은 도전 갓 스무 살의 무모한 젊음이란 말인가. 파도가 멈춰야 될 워터프런트 호텔에 오늘도 카지노의 파고波高가 높다.

원고료

한 4년 만에 겨우 미당학교에서 어렵게 시인으로 만든 자식이니 스승 서정주는 마포의 국화꽃 핀 서재에서 나에게 시인으로 조심해야 될 행세를 당부하셨다. 하나는 어딜 가나 여자가 문제였다. 60년대 중반 무렵이었고, 그 시절에는 남녀관계라는 것이 요즈음처럼 여자 곁에 서 있는 것만으로도 무서울 정도는 아니었다. 바람구멍이 매우 숭숭 헐렁하여서 소통이 잘되던 때인데도 아랫도리를 조심하라는 당부였다. 그것은 동서고금을 막론하고 대대로 잘 알려진 일이어서 나도 어느 정도는 이미 급수를 가진 인사이니 속으로 마음에 담지 않았다. 다음은 내 앞에서 직접 시범을 보인 원고료 문제였다. 아마 모 문학지에 실린 시 원고료를 아직 못 받았나 보다. 점잖으면서도 단호한 목소리로 독촉하셨다. 그리고 나에게 "자네도 시인이 되었으니 시를 그냥 줘서는 안 되네. 공자孔子도 공짜로 시를 팔지는 않을 걸세" 라고 당부하셨다. 본인이 하는 일은 자네 같은 초짜들에게 모범을 보이기 위함이라며 특유의 올방구를 하고 낄낄 즐거워하셨다. 시인으로 구설수에 많이 시달린 어른이지만 이 말씀 한마디로 나는 스승을 존경하였다. 다들 자기 앞가림으로 정신이 없는 세상에 시인으로서 스스로를 격이 낮은 싸구려로 만들지 말라는 얘기가 아닌가. 그날 이후로 일생 시를 경작해 오면서 나름으로는 이 말을 금과옥조처럼 지키려고 애써 왔다. 어쩔 수 없이 어려운 문학지에 가까운 시인들의 부탁으로 또는 술대접을 받은 고마움으로 시를 무료봉사 했으나 가능하면 몇 푼이라도 받고 건넸다. 그 저간의 구구절절한 사정을 여기서는 일일이 다 실토할 수는 없다.

육날미투리

　아내는 동백꽃처럼 살다 떨어져 다른 세상으로 떠났다. 희미한 등잔불 밑에 살았던 조선시대 여인네 같았던 아내. 남긴 것이라고는 육날미투리뿐이었다. 아내는 시집 와서 동백기름으로 머릿결에 윤을 내더니 어느 날인가 그 삼단 같은 머리카락을 이냥 베어서 신을 삼았다. 미투리 한 켤레였다. 짚신도 짝이 있다는데 나는 미투리는커녕 짚신도 신어보지 못한 위인爲人이었다. 이런 나를 이승에서 만난 소중한 짝이라고 여겨 난생 신어본 적이 없는 미투리를 남기고 갔다. 그 미투리의 올올은 실낱보다 더 가는 오리를 합쳐 육날을 만들어 줄기로 끊어지지 않는 길을 내고 아내는 그 줄기 진 질긴 길을 따라 이승에서 못 다한 사랑, 저승에서 이루어보자고 한 소망한 것 같다. 미투리를 신고 내 사랑으로 오라고 일편단심 정표情表로 남기었다. 아내가 없으니 내 주름살 골은 깊어졌다. 인생은 생각보다 죽음을 곁에 두는 사는 시간이 너무 길구나. 무슨 내력인지 몰라도 가지 말라 하던 님은 서운히 떠나고 이런 것을 동백꽃 사연이라 했던가. 붉디붉은 핏자국 같은 꽃잎의 슬픈 아픔만이 툭 세상 무너지듯 가슴을 저민다.

은배꽃

사랑은 혁명이 아니다. 사랑은 친부모도 고발하는 불효막심한 사상은 더 더욱 아니다. 그대와 나 그저 서로가 서로를 좋아하고 서로의 눈을 바라보며 말도 없는 말처럼 서로 알아듣게 속삭이고 속삭이는 흐름이다. 물론 사람들이 꽃과 가까워서 그 속성과 사연을 알고 알맞게 달은 이름과 꽃말이겠지만 나는 사랑하는 그녀가 보낸 은배꽃에서 새삼 사랑이 무엇인지 깨달았다. 그녀와 꽃이 너무 꼭 닮아서였다. 사랑은 광화문 광장에서 밤낮으로 외치는 목 쉰 혁명이 아니라 속삭임이다. 낮은 자세로 땅에 깔리듯 조용히 피어 사는 꽃을 보고 사랑의 속삭임이 간판 없는 큰 울림임을 알았었다. 손바닥만 한 땅만 있으면 겁나고 두려울 게 뭐냐며 보따리 싸서 무조건 어디든 나와 살겠다고 따라나설 여자였다. 은배꽃이었다. 말없이 자라 순결한 꽃을 피우는 면사포를 안 써도 매일 쓴 것 같은 은배꽃을 보고 자신도 모르게 은연중 그녀의 헌신 같은 속마음을 깨닫는 아침이다.

이 지독한 사랑

한 남자와 30년을 산 여자를 만났다. 새로 개간할 땅 쪼가리라고는 전혀 없어 보였다. 어디든 철조망이 쳐져 있고 독가스처럼 같이 산 남자의 침이 다 발라져 있었다. 마치 아이 적 땅따먹기놀이처럼 다 표시돼 있었다. 침범할 가능성이 있는 요소요소는 용케도 꽃잎을 중심으로 눈, 코, 입 어디든 빈틈없이 철저히 침을 다 칠해 놓았다. 갑호명령처럼 원초적인 본능이 작용해 있었다. 경계태세 이상무였다. 각개 격파해야 별의미가 없었다. 승전비는 고사하고 전리품도 없다. 내가 절망하여 그녀에게 물었다. 그 남자가 깃발을 꽂지 않은 미개척지대는 어디냐고. 지금은 사랑할 시간. 새삼 무엇을 캐묻는 놈이 이상한 놈임. 사랑을 팔고 사는 세속에는 유명한 지침이 있다. 똥간에 왔으면 똥이나 싸라. 아무리 지독한 사랑이더라도 감안하고 모른 체 행복한 체 사는 사랑을 배우는 것이 속아 사는 세월이고 인생이고 팔자다. 남자의 신세 한탄 같은 어쩔 수 없는 지독한 사랑이다.

이화중선 李花中仙

식민지 시대를 입에 달고 싶지 않은 사람에게는 구한말 무렵이었습니다. 이화중선이라는 노랫가락이나 뽑아 사내들의 애간장 깨나 녹이던 명창이 있었나 봅니다. 얼음 위에 박 밀 듯이 춥고 추운 겨울날, 젓가락 장단은 그만 접고 주막집 주모라도 품고 싶은 쓸쓸한 날, 절색인지 박색인지 내가 본적도 없고 난생 처음 들어보는 그녀의 창唱을 미당 서정주는 용케도 기억해서는 한 대목을 뽑는 것이었습니다. 아마 스승도 다 알지는 못하는 거 같고 그 가락 중에 본인이 제일 마음에 두었던 대목만 시늉하듯이 "오늘 밤은 뉘와 같이 할꼬"인지 "오늘 밤은 뉘와 같이 잘꼬"인지를 목이 쉬도록 뽑았습니다. 무슨 가락이든 다 알 필요가 있나요. 알고 싶은 것만 알면 된다는 것을 저는 그때 알았습니다. 나도 술상머리에 북채잡이로 앉아 바람처럼 얼씨구 좋다 맞장구치며 장단을 맞추었습니다. 이만하면 우리 둘이는 어떻습니까. 어느 따뜻한 날 동백꽃 핀 선운사 인근의 탁주집 목이 쉰 주모와도 짝하여 너끈히 한 판 잘 놀 수도 있겠지요.

인연

콩 한 쪽도 나눠 먹는 인연으로 그대와 나 맺어져 산다. 하지만 그 인연이란 때로는 콩 한 쪽도 나눠서 버리는 경우가 수두룩하다. 버리지는 않더라도 아주 하늘이 주는 날벼락처럼 끝장 보는 막막한 일도 부지기수다. 그 인연이란 끈이 죽어서도 허다반 남아 있어서 괴롭히는 일이 비일비재다. 우리는 흔히 그것을 정이라 하는데 그 정이 너무 끈질겨서 더불어 산 정이 더 더럽다고 한다. 아내가 죽었다. 아내의 속이 썩어나간 죽음에 이제까지 수많은 여자들과 놀아난 내 잘못만 얘기하지만 같이 사랑한다고 한 여자들에게는 하등의 죄가 없는 것인가. 바보 같지만 좋을 때는 언제고 코 닦고 모른 체 하는 여자들이 더 야속하다. 남자라 이것도 다 덤터기 써야 하는가. 작가나 작품의 몇 개가 신체시의 전부처럼 배우는 단순함처럼 인연의 가닥은 그리 간단치가 않다.

자서전적인 별

　별이 되고 싶어 1941년생 별로 태어났다. 하늘은 없고 지상만 있는 새 별로 태어났다. 별의 이름은 강우식. 이 별에는 빛은 없고 향기만 진동했다. 사람의 향기이자, 냄새다. 사람이 사람을 아는 향기다. 기쁨도 슬픔도 같이 하는 사람 사랑의 냄새였다. 이 별의 일생 소망은 사랑냄새를 풍기고 싶은 바람이고 싶었다. 오로지 초록잎처럼 흔들리는 바람둥이고 싶었다. 초록 바람둥이. 바람둥이 다보니 여자 뒤만 따라다녔다. 졸졸 흐르는 개여울소리가 났다. 조잘대는 개울노래였다. 이름 없는 별이 되고 싶었다. 이름 있는 별은 빛 좋은 개살구라 여겼었다. 이름 있는 별은 미투라는 올무에 걸려 요란할 뿐이었다. 일생 여자 뒤만 따른다는 것도 타고 난 팔자였다. 바람둥이 별로 살고 싶었다. 그런 이름 없는 박사로 살고 싶었다. 삼시 세끼도 힘든 세상에 이름 없는 별로서 사는 게 무슨 작폐 짓을 해도 소문이 나지 않고 제일 편한 것을 알기 때문이었다. 지금 이 나라 대통령도 국민들이 온통 하야하라고 꽹과리 치니까 별이 저렇게 빛나는 밤에도 내뱉은 거짓말 때문에 한숨 푹 쉬며 이름 없는 별이 되고 싶을 것이다.

전복

내 어릴 때 전복을 잡는다는 표현보다 땄던 기억이 있다. 전복은 마치 바위가 없으면 못 살 듯이(사실 그렇기는 하다) 무섭도록 붙어 산다. 마치 우리 뒷집 박 선장 댁 후살이로 들어와 억척스럽게 살았던 첩 같았다. 사는 것도 바위 틈 아주 깊은 곳에 잊어진 여자처럼 숨어 산다. 탐 나서 서툰 손으로 따 먹으려면 여자의 은밀하고 신비한 사처에 손을 댄 듯이 깜짝 놀라 금방 온몸이 경직되어 안 떨어진다. 마치 서방에 맛들여 찰싹 붙어 사는 여편네 같다. 따려고 하면 거짓말 좀 보태 물질을 열 번 찍어 안 넘어가는 나무가 없듯이 공들여야 이룬다. 전복이 가진 영양소가 말대로 몸에 좋은지는 잘 모른다. 그저 남들이 좋다고 하니 그런가 보다 믿을 뿐이다. 따먹기 힘들다. 처녀 같다. 바닷가에 살면서도 따먹기 어렵던 것은 기술이나 경험이 없어서가 아니다. 생래적으로 한 번 붙으면 잘 안 떨어진다. 반면 떨어지면 하나도 남김없이 몸 전체를 송두리째 바친다. 몇 번의 경험으로 내 몸과 손이 잘 안다. 무엇이나 따먹기가 힘든 것은 비싸고 귀하다. 내 스승 미당도 제주도에서 아주 큼직한 전복을 잡숴보고 경탄하며 시로 써서 남기셨다.

제야除夜

　이 밤이 지나면 여든 둘의 나이테가 그어집니다. 아직도 내가 살아보지 못한 세월이 저쪽에 남아있습니다. 하루가 될지 그 다음 날이면 아니면 또 한 해를 넘길지 모르지만 아니 그 끝이 꼬투리라도 상관없습니다. 어차피 건너뛸 수도 없는 세월이니까요. 죽을 때 죽더라도 삶 자체가 감격입니다. 감사기도를 하고 싶습니다. 감사기도를 드리고 싶어도 할 대상이 있어야 할 게 아닙니까. 그래서 난생 처음으로 하나님 당신을 찾으며 두 손을 모읍니다. 집의 반려견도 나와 같은 생각에 잠겼는지 잠잠합니다. 세상의 만물들도 이 밤만은 별을 닮아 멀고 고요합니다. 한해의 마지막 밤이 다 안고 갈 사연은 얼마나 많습니까. 그런데도 정적일색입니다. 한 자루의 촛불이 어디선가 헌신처럼 심지를 사르며 타들어갑니다. 한 해 중에 가장 거룩한 밤이 모든 걸 깨끗이 털고 가자며 깊어갑니다. 그 밤 속에 태양이 있습니다. 때 묻은 낯을 씻고 밝은 얼굴을 보이려고 내일을 기다리며 눈 뜨고 있음을 저는 압니다. 태양도 나처럼 있는 것을 저는 압니다.

쪽문

작은 강을 끼고 흐르는 유구 읍내의 수국 축제에는 수국보다 사람꽃이 물결을 이루어 차로 30리길 마침내는 마곡사 산마루까지 이어졌다. 사람도 물결이 되면 산으로 거슬러 오르는구나. 이 산자락에는 첫째도 나라사랑이요 자나 깨나 조선독립이었던 백범 김구 선생도 기거한 적이 있다. 경내로 드는 극락교 강바닥에는 부처님 말씀을 잘 수행중인 돌 거북이 한 쌍과 물고기들이 어울려 옴마니 반매홈을 외며 논다. 살생殺生이 금물禁物인 불문佛門이니 거북이도 돌이 되었구나. 살생이 없으니 여기가 극락이다. 대광보전大光寶殿에는 문자 그대로 부처님 설법으로 빛이 넘친다. 불자들은 허리를 꼿꼿이 세우고 경청하고 있다. 그 옆 쪽문에는 인적이 끊긴지 오래 되었는지 담쟁이만 푸르게 기어올랐다. 누가 봐도 참 아름다운 쪽문이다. 옆으로 새는 이 쪽문마저 없으면 세상이나 절이나 담뿐이어서 답답해 어찌했을꼬. 경내 오래된 느티나무 아래서 나는 부처님처럼 귀를 열고 쉬면서 불자의 넋두리를 듣는다. 아들을 잃고 한恨으로 전국 사찰을 떠도는 한 노파의 하소연을 무슨 경처럼 해질녘까지 마음에 새긴다.

창덕궁 까마귀

창덕궁 돌담길을 따라 한참 올라간 원서동 조그만 야산 마루에 이모 집이 있었다. 아마 예전에는 맨 산이었겠지만 해방과 한국동란을 거치면서 서울로 온 이 저 사람들이 모여 터 잡고 산 동네였다. 그런 이모 집은 하늘과 가까워서 궁궐의 앞마당이 훤히 내려다보였다. 나는 궁궐에 내려쬐는 빛살과 아무도 없는 텅 빈 뜰의 고요가 정다웠다. 옛날에는 별별 제제다사는 물론 간신들이 모여 음모술수와 자리다툼으로 흘렀던 격랑의 파도가 잦아든 저 고요가 너무나 좋았다. 아무 것도 가진 게 없는 적수의 나 같아서 마음에 들었다. 겨울 저녁이면 어디서 날아왔는지 시중의 모든 까마귀가 다 모여들었다. 검은 구름을 만들며 울부짖는 소리가 마치 궁중야사의 아 수라장이었다. 이 살벌한 장소에서 나는 까마귀 같은 사람보다는 시나 쓰며 살아야겠다는 작심을 은연중 먹기도 했다.

추수秋水

가을 물이라 했다. 물 살결이 맑다. 시퍼렇게 날이 선 칼날같이 차다. 맑은 눈매로 토라진 새댁 같기도 하고 모든 나무나 꽃들이 여위는데 나 홀로 신색이 좋은지 나쁜지를 살피는 거울이기도 하다. 명경지수明鏡止水다. 우리나라 국어사전에는 일생 한 번도 못 써보는 말도 많지만 시처럼 좋은 말 풀이를 담은 것도 여럿 있구나. 이 가을을 그냥 보내지는 말자. 올 농사인 추수秋收도 끝냈으니 여유를 가지고 단풍 곱게 물들거든 어느 산골 개울가에서 손발을 한 번 담그거나 가을 물 한 바가지쯤 마시고 나서 이 계절을 보내자. 어이 시원하다 한마디쯤 토하고 끄트머리를 달지 말고 별리하자. 가을 물 닮은 인생답게 그렇게 지는 낙엽도 애처로이 마음에 쌓아두지 말고 어차피 떨어진 것이니까 깨끗이 대접해 흘려보내자.

춤

너는 하나의 몸짓이었다. 나비의 날개와도 같은 여리고 가벼운 몸짓이었다. 파장波長, 파문波紋이고 꿈이 있어 가지는 하나의 탈출이다. 비상하고자 하는 하늘을 항상 꿈처럼 가지고 있다. 그 꿈조차도 슬프게 아름답다. 춤으로써는 이룰 수 없는 슬픔조차도 춤이어서 아름답다. 인간은 꿈이 있어 스스로를 죄인처럼 쇠사슬에 매이기도 하고 얽매인 실타래를 풀기도 한다. 사람 자체가 춤이다. 그조차도 제일 잘 알고 하는 자가 춤꾼이다. 물방울 하나가 바위를 뚫듯이 쇠처럼 단련된 무모한 굳은살이 배인 미운 발을 가진 춤꾼이다. 그 비상하고자 하는 발아래 하늘이 있다. 타고난 운명이다. 발이 없는 손의 움직임을 상상해보라. 그 미운 발을 무엇보다 귀중히 여기는 것도 팔자라면 팔자다. 나뭇가지에 있으면 초록잎춤 되리. 자유로운 미친 열망이 없으면 기진하도록 아무리 추어도 허깨비춤이 되고 끝나리. 춤은 추어서 푸는 것이다. 그렇다고 인간의 세세한 사정을 어이 다 아는 몸짓이랴. 발이 있어 손보다 춤이 아름답다.

춤추는 자모

나는 시인이니까 가끔은 꿈속에서 생시처럼 시를 쓰는 일이 있어요. 그날도 맨몸에 푸른 배추잎으로 만든 스코틀랜드 식 스커트 바지를 두르고 컴퓨터 자판에 앉아 무슨 시인지 편지인지 모를 글을 두들기고 있었어요. 코미디처럼 느닷없이 배추잎 바지를 걸친 것은 멀리 사는 그녀가 그 전날 김장김치를 택배로 보내왔기 때문인가 봐요. 그러니까 시이든 산문이든 고맙다는 글을 쓴 건 분명해요. 한데 컴퓨터 자판의 자모들이 갑자기 살아있는 나비처럼 훨훨 날아다니며 바뀌는 것이어요. 자모 중 쌍자음만 변하는 것이어요. 'ㄲ'은 'ㅆ'으로, 'ㄸ'은 'ㄵ'으로, 'ㅃ'은 'ㅆ'으로, 'ㅆ'은 'ㅆ'으로, 'ㅉ'은 'ㅆ'으로 획들이 물결무늬를 이루는 것이 꿈속에서도 신기하고 그렇게 아름다울 수가 없었어요. 그 물결들은 마치 봄날에 그녀가 사는 탑정리 호숫가를 같이 거닐던 때의 내 마음결과 같았으니까요. 어떠세요. 약속만 서로 된다면 이 자모들을 쌍 기억 대신 된소리 기억 식으로 불러도 되지 않을까요. 처음에는 보는 거나 쓰는 것이 다 어색해 보이지만 자꾸 숙달되면 이게 더 단순하고 편하지 않을까요. 나는 평생 무슨 발명 같은 것은 꿈에도 안 꾸어보았지만 우리글의 자모가 섬세한 마음의 파장도 드러내는 모양이었으면 괜찮겠다는 생각을 하며 앞으로 시 쓸 때만은 꼭 내 나름대로 적어야지 했어요. 내 사는 꼴도 늘 춤추는 무늬가 있는 그런 마음 물결이었으면 하니까요.

층간소음

심장이 큰 드럼처럼 쿵쾅거린다. 육이오전쟁이 터졌나, 와 이리 난리야 경상도 사투리로 몸이 신경질이다. 그러거나 말거나 언제나 모범생 책장 같이 잘 정돈된 갈비뼈는 관심 밖이다. 항상 말썽인 것은 번지수도 찾기 어려운 구불구불한 골목길 같은 위장이다. 마시고 삼키는 거 나름 조심하느라고 애쓰는데 소용이 없다. 멋대로 난장판을 만들어놓기가 일쑤다. 초등학생 지능도 못된다. 슬리퍼를 끄는 소리가 나는가 하면 석양의 무법자처럼 맨발로 제멋대로 쿵쿵거리거나 번개나 벼락은 물론 언제 적인가 코로나 택시가 붕붕거리는 소리도 들린다. 개판일분전이다. 그러다가는 마침내는 거대한 폭포 줄기와 더불어 온갖 쓰레기 더미를 몽땅 쓸어 아래층으로 폐기한다. 지하층 세대에게는 아래층에 사는 것이 죄긴 죄다. 옴팡 그저 뒤집어 쓸 수밖에 별도리가 없다. 낙수 물처럼 떨어지는 오줌 줄기도 지린내 때문에 두 기둥으로 지탱하기 힘들 때가 있다. 이 사단은 계층 간의 분쟁으로 타협을 해 봐도 애시 당초 먹히지도 않는다. 간혹 혹시 아래층과 위층을 바꾸면 좋겠다고 상상하지만 코미디도 이렇게 막무가내로 코를 디밀지 않는다고 하나님도 용서하지 않을 거 같다.

치매

애초부터 다 아는 이야기다. 사람으로서 모든 것을 잊고 산다는 것은 그리 쉬운 일이 아니다. 강태공이 곧은 낚시로 세월이나 낚으며 기다리며 산 것이 사람으로서 그 한계다. 당쟁의 회오리 속에서 훌훌 털고 자연에 들거나 가어옹假漁翁이 되던 인사들의 귀거래사에는 언젠가 복귀하려는 다 뒷전에는 출세하려고 기다리는 복선을 깔고 있었다. 기다린다는 것은 속으로 원과 한을 누르고 울음을 삭이는 과정이다. 남모르게 입술이 부르트도록 깨문다. 정말 모든 걸 잊고 살면 얼핏 보기에 속 시원하고 가벼울 것 같다. 하지만 풀잎처럼 하찮아진다. 잊고 사는 일이 영원일 수는 없다. 진짜 진짜로 잊는 것은 망령이다. 미친다. 멍해진다. 멍해지는 줄도 모르는 것이 정말 잊는 것이다. 한 나무에서 자라다 쓸모없이 말라 떨어지는 나뭇가지의 부스러기와 같다. 치매다. 자기가 누구인지도 모른다. 치매는 약도 없는 병의 병이다. 잠깐 한눈 파는 사이에 무슨 생각해선지 환자가 집밖으로 나가 길을 나서는 순간 길은 사라진다. 그뿐이 아니다. 도둑이 들어 훔쳐간 사람도 없는데 자신으로부터 이어져 온 모든 끈이 끊어진다. 기가 막힌다. 멀쩡하던 사람이 이렇게 변할 수도 있구나. 처음에는 사라진 마음을 기억하려 수첩에 기록하고 별의별짓을 다 한다. 그것마저 무위가 된다. 옛날의 똑순이는 어디가고 맹순이가 눈앞에 백치로 웃는다. 치매는 간병이 문제다. 아무리 피를 나눈 혈육이라도 사람의 셈법이 이럴 경우에는 천만

가지가 된다. 에라 이 귀신아 살아서 입 밖으로 심한 말을 자연으로 담다 솟구치는 울화를 꾹꾹 누른다. 그래도 불쌍하고 살아서 내 곁에 있으니 없는 거보다 천 배 만 배 낫다고 사랑해야지 하며 산다. 사람의 탈을 썼으니까 짐승보다 못하더라도 사람의 일로 흘려야 한다. 하늘이 갈라놓기까지는 결코 나을 수 없는 절망을 사랑했던 추억으로 참아야 한다. 사람으로서 어찌 하겠나. 그저 한국인의 잘하는 것 은근과 끈기를 소처럼 되새김하며 보살피고 견뎌야 한다.

코드 세상

　　우리나라는 IT 분야에서 최첨단을 달린다. 그것은 배우기 쉽고 이용하기 편리한 젊은 세대만을 위한 것은 아닌가. 1년에 한 번씩 있는 정기검진을 위해 종합 병원에 갔다. 매년 드나들며 별 변동이 없이 편하게 지냈는데 오늘 첫 번째로 들른 혈액 종합내과에는 순번을 뽑아 차례를 기다리는 번호표 대신 바코드를 찍어야만 하는 기계가 문 앞을 지키고 있었다. 본인이 확인되면 혈압과 몸무게와 키를 재라고 기계가 지시했다. 사람 대신에 기계가 다 하는 세상으로 가고 있다. 시대가 변하는 것을 읽고 배우지 못하면 그냥 바보가 되고 마는 늙은이의 세상이다. 배워서 나쁠 게 없다고 하지만 배우는 거마저 번거로운 늙은이도 있다. 내일은 어떻게 변하여 무엇을 배워야 하나. 어쩌면 의사마저도 기계가 대신하는 세상이 오고 있다. 불편하고 당황하게 만든다. 아니 언제부터인가 기억에도 없다. 상품마다 바코드가 있어서 가격을 대신해 쓰는 줄도 모르게 살아왔다. 코로나가 창궐하니까 QR코드라는 게 생겼다. 어딜 가나 입력된 휴대폰을 들이밀어야 한다. 남들에게 있으면 나도 가져야 하는 세상이다. 가졌으면 배워야 한다. 공평한 거 같지만 그렇지 않다. 우주세대로 진입하려는 늙은이에게는 불편하다. 가정마다 로봇이 있어서 직장에서 근무하며 청소는 물론 취사 등 잡다한 일들을 명령 하나로 해결하는 코드 세상이 불편하다. 모든 게 코드로 바뀌면 나는 무엇으로 살 것인가. 노동도 사람으로 태어난 권리로 하는 거룩한 일의 하나다. 그마저 편하다는 이유로 빼앗기고 나면 그 편함이 사람에게 마냥 좋기만 한 것인가. 배우지 못한 인간들을 자연히 도태시키는 세상이 되고 말았다. 매년 한 번씩 외국으로 나가는 나는 코로나로 그동안 못 들른 인천공항의 코드가 그새 어떻게 변했을까 궁금하다. 한 1년 안 들렀다고 나를 아프리카 오지마을의 원주민 취급이나 아니할지 은근히 걱정스럽다. 그저 편하고 좋기만 하다고 춤출 세상이 아니다. 나 같은 사람에게는 그저 세상이 옛날 배운 대로였으면 좋겠다.

폐사廢寺

강원도 양양 미천골 그 깊은 산골에는 어쩌다 발 디딘 나그네도 그냥 지나치는 절이 있다. 귀동냥으로는 신라 아무개 왕 때라는데 탑과 터만 남은 폐사다. 짐작컨대 이 절을 지은 스님은 깊은 골을 만든 산과 미천의 물소리만으로도 흡족했으리. 신라 시대니까 찾는 사람은 마음이 간절한 이 아니고 아무도 없었으리라. 가끔 호랑이가 제 집 앞마당처럼 놀다 땀이 차면 철벙 앞개울에 몸을 담갔을 거로 짐작 된다. 스님은 인적이 드문 그런 것은 개의치 않았다. 산에는 철따라 꽃피었다 정인情人처럼 헤어졌다. 언덕과 구곡양장의 굽이굽이에는 별리의 쓰라림 같은 골이 있었다. 험준한 산마루를 오르내리는 것만으로도 세상사 돌아가는 거 한눈에 꿰뚫을 수 있어서 독야청청. 요즘은 절은 흔하지만 그런 스님 뵙기도 힘든 명산대찰이어서 이 이름 없는 폐사에 나대로 산 하나만 믿고서 절을 짓고 물소리를 독경 삼아 귀 기울이었을 스님을 모셔본다. 이 절터는 지금 뜬구름 한 점 신세인 나그네뿐. 그나마 이런 조그만 사연도 읽어주는 이 없는 폐사여서 지나는 바람처럼 쓸쓸하다.

행복해진 꿈

나는 음보로비란 마을을 못 가 보았다. 가본 사람들의 말만 들었다. 그러고도 그곳 사람들의 사는 행복을 같이 하고 싶다. 수시로 모래 태풍이 밤새도록 몰아치고 낮에는 오십 몇 도의 땡볕이 혀로 핥는 세네갈의 음보로비란 사막마을에 사는 사람들은 파도, 파도 모래인 땅에 양파를 심고 수박을 심는다. 살아있는 모든 것들이 성장조차 멈춘 땅에서 멈추지 않고 간신히 겨우 살긴 사는 식물들을 보며 자기들은 신의 은총을 받은 사람들이라 여겨 배고픔을 이기는 극기 같은 라마단의 금식기간도 충실히 지키며 산다. 먹을 거 다 먹고 하고 싶은 대로 다하고 산다면 사람들은 이런 죽음만이 성장하는 것 같은 사막에서 살 수 있었을까. 누군가가 종교로 이런 규율도 만들어 놓지 않으면 살지 못했으리. 더위를 피해 망고나무숲에 들어 쉬고 있는 어른이나 아이들. 아이들은 아이들대로 작은 모종 같고 어른들은 망고나무 같이 크게 자라 열매를 맺는 꿈을 품은 것 같다. 이루고자 하는 꿈이 마치 망고열매 같다. 아니 주렁주렁 열린 꿈이 익어 달콤해진 망고 같다. 그 달콤한 꿈같은 열매가 얼마나 싼지 우리 돈으로 천 원에 일곱 개나 준다. 음보로비란에서는 단돈 천 원에 행복해진 꿈을 가지고 먹는다. 그것은 열악한 환경 속에서 스스로의 최선의 길을 가는 보람이다. 행복이 사막에 사니까 마치 누구나 천 원에 망고를 일곱 개씩이나 먹는 거와 같다.

허허 벌판

제 경험으로는 다른 손 비는 것보다 뭐니뭐니 해도 마누라가 긁어주는 등판이 제일 시원하고 좋아요. 제가 긁고 싶은 자리를 어쩜 그리 용케도 귀신처럼 찾아 잘 긁는지. 살아생전에 마누라에게만 맡기던 등판짝을 그녀가 저승 가고부터는 밭을 갈 듯이 몸소 쓸쓸히 효자손으로 긁는다. 꼬부랑 홀아비인데 봄이면 새싹 돋듯이 왜 이리 근질 간질거릴까. 듬직하니 참지 못하고 설마가 사람 잡는다고 꽃피는 춘삼월에 새장가 가려고 그러나. 등이란 등짐지려고 있는 것이다. 지고 갈 삶의 등짐이 아무 것도 없이 텅 비었으니 허전하구나. 힘쓸 일 없는 지나온 인생살이 빈손뿐이구나. 내일이면 저승길 눈앞인데 허무의 싹만 헛것처럼 돋았다. 긁어도, 피 터지게 긁어도 지푸라기 하나도 건질 게 없는 그저 허허바람만 지나는 허허 벌판이다. 늙어 효자손으로 긁는 이 궁상이라니. 나도 모르게 갈 때가 된 내 팔자다.

호시탐탐

 당연한 이야기지만 호랑이는 호랑이짓을 하고 사람은 도리에 맞는 법도를 따라야 한다. 어찌 호랑이 눈만 먹잇감을 탐하랴. 먹이를 노리는 뭇짐승들의 탐탐한 욕심은 다 같다. 높푸른 하늘을 떠다니며 선회하던 독수리나 매도 먹이를 보면 쏜살같이 내려와 먹이를 챈다. 양 날개를 조용히 펴고 먹잇감에 집중하는 물새의 눈에서 몸 전체의 신경이란 신경이 모두 한 곳으로 쏠려 있음을 본 적도 있다. 보통 짐승들은 먹이를 포획하면 자기만의 식사를 위해 비밀장소에 감추거나 모처럼의 편한 식사를 하려고 다른 짐승이 입질하지 않은 장소로 가 자식들에게 먹인다. 사람이라고 어찌 다르랴. 호시탐탐 밤새 탑돌이 하는 아낙네의 안반짝을 노리다가 덥석 물고서 호랑이처럼 뒷산으로 짐승처럼 줄행랑치는 인사도 있다. 또 그렇고 그런 재미로 일요일만 되면 등산하는 객들도 자꾸 늘어만 간다. 옛날에도 그랬다. 스님도 고기맛을 보면 못 참는다고 했다. 요즈음은 글로벌한 세상이라고 남녀구분이 없이 모두가 춤춘다. 말세다. 그러면서도 사람이 대단한 것은 몫 좋은 자리를 차지하려고 사생결단을 한다. 내 여자다 내 남자다 서로 끌어당기고 밀친다. 물고 씹고 빠는 것도 모자라 무슨 자리라도 나면 서로 호랑이가 아니면서도 호랑이 시늉을 하며 아작댄다. 호시탐탐한다. 인육이 하도 질기고 냄새가 진동하여 호랑이도 안 먹는 식탐을 서로 한다. 호질虎叱 소리를 들어도 싸다.

여적
말꼬리

나는 아무래도 네 발 달린 짐승이었나 보다. 산문시 시집을 내며 이제까지 나름 간신히 절제하고 통제하여 왔던 시들을 다 풀어버리려 하고 있다. 할 얘기 안할 얘기를 다 산문시에 늘어놓았으니 무슨 사연이 더 필요하랴. 비열한 좀 통속이면 어떠랴 싶었다. 속이 다 드러난 시중잡배나 다름없다. 처음에는 구구한 변명 같은 여적은 달지 말자는 계획이었다. 그런데 짐승처럼 꼬리를 단다. 꼬리라면 하루에도 줄기차게 천 리를 달린다는 천리마의 꼬리를 갖고 싶으나 가진 거라고는 말꼬투리밖에 없다. 일생 꼬투리 같은 말꼬리를 잡고 시를 써 왔으니 시집에 말꼬리를 달 수밖에 없다. 꼬리가 있어야 그래도 간신히 균형을 잡고 가려는 방향으로 내달릴 수 있기 때문이다. 여기 실린 산문시는 다 그래서 늘어놓은 것이다. 말꼬리 같은 여적이고 산문시다.

그 동안 시집을 세상에 선보이면서 산문시를 한두 편씩 실었다. 그러나 산문시를 쓰겠다는 생각이나 또 가진 절박성도 없었다. 왜인지 산문시란 길고 말이 많고 잡다한 느낌이 들어서다. 그렇다. 개인적인 편차이지만 나로서는 몸에 기운이 빠진 늙은 영감이 되어서야 만들어보는 시였다. 여기 실린 산문시가 한 70여 편은 된다. 될 이야기 안 될 이야기 다 쓸어 담았다. 이 시집을 내면서 나는 나름대로 그래도 말이 되려고 대폭 수정에 수정을 했다. 그리고 가능하면 단문

형식으로 만들려고 문장을 끊었다. 시란 엿가락처럼 늘어지기만 하면 재미없잖은가. 그러면서도 산문시 시집을 내는 이 순간까지 부끄럽다. 나이 먹은 노인네가 되어 세상을 살아온 경륜이나 전해줄 지혜가 없는 내 자신에 대한 한없는 모자람을 잘 안다. 그러나 어찌하겠는가. 내 그릇이 이것밖에 안 되는 것을 다시 만들 수는 없지 않은가. 문학이 현대문학으로 오는 과정에서 권선징악의 전범 같던 천편일률적인 스토리 전개에서 많이 바뀌었다. 온통 유종의 미처럼 박수치는 선善 위주의 이야기에서 악에서도 우리가 얻을 것이 있다는 패턴으로 바뀌어 갔다. 그 일환의 하나로 이 산문시도 이해해주었으면 한다. 아마 산문시의 창시자라 일컫는 보들레르도 그런 마음이 아니었을까 미루어 짐작해 본다. 또 하나 빠뜨릴 뻔 한 것이 있다. 나는 시인으로서 시로써 할 수 있는 영역은 형식적인 면에서 다 시도해 왔다. 작은 일이라도 아무도 하지 않는 일이면 시도해 왔다. 가령 말년에 시집의 서문도 무슨 습관처럼 남들이 다 그렇게 하니까 다는 일도 것도 싫어 "지은이에게"를 두 편씩 실은 것은 내가 처음으로 한 짓이며 또 이번 산문시 시집 서문에 "흔적"이나 "나쁜 놈"이란 제목을 붙였는데 이것도 어느 시인도 안 해 본 나만의 방식이다. 뿐만 아니다. 다음에 낼 연작시 시집에는 시집에 두 개의 제목을 한 의미단위처럼 달 예정이다. "송구영신, 국경을 넘어서"라고. 연작시답게 국경을 넘어서 송구영신의 새로운 삶의 의미를 찾는다는 뜻으로…… 지금까지 남들과는 다른 의미가 되고자 노력했다. 작은 일이지만 남들이 안하는 일은 시행이 그리 쉽지 않다. 형식만의 아니라 내용면에서도 되도록이면 남들과 다른 내용을 담으려 했다. 시집 『설연집』이 그러하고 『마추픽추』, 『바이칼』, 『사행시초2』가 그러했다. 아니 『꽃을 꺾기 시작하면서』, 『물의 혼』도 있다. 가만히 생각해 보니까 시를 붙잡고 일생 참 외롭게 고집스럽게 살아왔다는 마음이다. 내가 가진 이 신념도 이제 서서히 꺾일 때가 되었다.

하나가 사라지면 모든 것이 사라진다. 나라는 존재는 세상으로부터 미미하지만 나로서는 세상 전부를 가지느냐 아니냐. 내가 없는 세상이 무슨 의미가 있겠느냐. 여기서부터 인간의 역사는 시작된다. 인간의 역사만이 아니라 예술도 시도 생겨난다. 자신의 부재에 대한 아쉬움 때문에 예술도 시도 생기는 것이다. 모든 예술 활동은 크게 보아서 부재에 대한 흔적이고 발설이기도 하다. 내가 만년에 시를 쓰고 정리하여 시집으로 남기는 것은 미켈란젤로 같은 영원성에 내가 만든 꽃을 한 송이를 두고 싶기 때문이다. 그 꽃그늘 아래서 사랑하는 남녀들이 와 노래하고 쉬는 것을 보고 싶기 때문이다. 피에타 같은 눈물 한 방울을 남기고 싶기 때문이다. 『설연집』의 시편들처럼 사랑하는 연인들을 보고 싶기 때문이다. 『꽃을 꺾기 시작하면서』 시들처럼 뜨거운 입김을 만나기 위해서다. 이것이 내가 시집을 내는 흔적이고 염원이다. 나는 내가 살아온 인생을 절대 미화하고 속일 필요가 없었다. 있는 그대로 적나라하게 남기고 싶었다. 그래서 젊은 나이에 입에 담기를 꺼려하는 성을 과감히 노래하기도 했다. 무조건 파괴하라. 우리들이 가진 또 믿고 있는 규정이나 틀에서 벗어나려 끊임없이 노력해야 한다. 껍질을 깨는 아픔 없이 시가 존재해야 될 이유는 없다. 이것이야말로 창작의 아픔이고 기쁨이다.

시는 일생 심장이 뛰는 소리로 쓰는 것이다. 심장을 쾅쾅 치듯이 노래하는 것이다. 그 소리 속에는 뱃놈의 기질로 자라게 한 내 고향 주문진 바다의 파도 소리도 있다. 세상을 뒤집을 듯 광폭하다가 조용히 잦아드는 파도소리도 있다. 시란 그런 울림이다. 시 소리는 아주 약하고 조용하게 마음에 젖어드는 울림이다. 내 시 쓰기는 시베리아 벌판에서 구원도 없이 죽어가는 패잔병이 아니었다. 그 끝도 없고 한도 없는 벌판에서 한 줄기 인간의 따뜻한 불빛을 찾는 노정이었다. 남들이 시가 안 된다고 시가 아니라고 생각했던 일들을 시라고 생각하며 시를 써왔다. 작으나마 새로운 미학을 세우고 싶었다. 지금도 마찬가지다. 나는 시를 모르면서 그저 감정의 흐름대로 읊어왔을 뿐이다. 누군가 내 시를 일컬어 시가 아니고 한갓 넋두리라 해도 할 말이 없다. 그러나 일생 좋아서 한 일임에는 분명하다. 좋지 않으면 돈이 안 되는 이 짓거리를 예전에 하루아침에 작파했을 것이다. 시에 미쳐서 자신도 모르게 끊임없이 학대하듯이 채찍질하며 살아왔다. 나도 모르게 몰입하여 왔다. 아버지처럼 엄격하였다. 시에 거는 꿈도 있었다. 무엇이 되고자 하는 미래도 있었다. 이제 꿈들을 세월 속에 파묻어 버린다. 시에 대해 스스로 까다롭게 대했던 일들을 늙었다는 탓으로 돌려 여기에 산문시 시집을 낸다. 이 시집은 시 짓는 버릇이 잘못 들까봐 지금까지 애써 자제해 왔던 나에 대한 자서전적인 일들을 모은 부끄러운 산문시 시집이다. 시적인 산문, 산문적인 시가 될 만한 것들을 모은 시집이다.

　이 산문시 시집을 엮다보니 내 스승 미당 서정주의 크고 작은 일화들이 도처에 있다. 나는 이 시집으로 미당에 대한 고마움과 가르침 등 그동안 나를 크게 잘못된 길로 빠지지 않도록 이끌어준 스승의 은혜를 턴다. '숭어부'라는 스승에 대한 시도 써 시집에 수록해 있지만 나는 일생 미당처럼 좋은 시를 쓰고 싶었다. 그러나 그게 어디 욕심대로 되는 일인가. 그 한계를 알면서 나는 나대로의 나만의 시를 쓰고자 한 것으로 위안 받고자 한다. 아마 스승도 그러기를 원했을 것이다. 언제인가 등단 초기 무렵에 무슨 행사인지 잘 기억이 나지 않지만 미당과 같이 YMCA 방송국 강당에서 시낭독한 일이 있다. 그때 나는 나름대로 시에 섹스를 혼융시키던 시절이라 그 방면에 아주 원색적인 시를 낭송했는데 낭송이 끝나고 미당이 좋지 않은 낯빛을 비치며 싫은 소리를 한 적이 있다. 스승은 이렇게 나에 대하여서는 가감이 없었다. 『시창작교실』이라는 서정주 조지훈 박목월 세 분이 공저자인 책이 있는데 그곳에 내 이름 이름 석자를 끼워 넣은 것이며 웅진출판사에서 펴낸 앨범위주의 서정주 문학앨범에서 미당에 대한 내 글을 넣은 일도 있다. 뿐만 아니다. 수많은 제자 중에 괜찮은 시인이라고 시인 문정희와 나를 동석시켜 월간《신동아》에 화보로 찍어 넣은 것이며 말년에 펴낸 시집에 미당시평을 쓰게 한 일 등등을 자식처럼 사랑하면서도 가감이 없었다. 그래서 나는 스승을 못 잊는가 보다. 이제 모든 것들을 산문시를 통하여 마무리하려고 한다. 한때 미당학교라 하여 스승이 너무 많은 시인들을 배출한다고 문단의 일각에서 비난이나 시기에 찬 목소리도 있은 적이 있다. 그뿐 아니라 서라벌 예술대학이나 동국대학에서도 그를 따르는 많은 제자들이 있었다. 하면서도 참 희한하게도 나는 그 무리 속에 끼지 못했다. 무슨 독불장군처럼 내가 적을 둔 학교에는 미당의 문하생이 되겠다는 시 쓰는 학생은 나 혼자뿐이었다. 섬처럼 외롭게 떨어져 있어서인가 스승은 여러 가지 면에서 나를 유달리 챙기셨다. 특히 사모님인 방옥숙 여사께서 나에 대해 많이 신경을 써주셨다. 여기서 세세한 이야기는 안 하겠지만 어쩌면 미당과 나는 시인 김관식 같은 사이가 되었을지도 모른다. 언제인가 미당 댁을 방문했을 때 서재에 못 보던 액자가 한 폭 걸려 있었다. 내가 그 액자에 자꾸 눈이 기니 미당은 50년대 문하생이었던 하희주 시인이 준 추사의 작품이라며 시를 설명해 주었다. 시는 중국의 시인 문천상文天祥이 옛날에 봤던 달님을 시공을 초월하여 오늘 똑같이 추사도 보고 내용이었던 걸로 기억하고 있다. 아마 미당은 은연중 나와의 인연을 추사의 액자를 통하여 암시하지 않았나 싶다. 시의 동업자로서 끊을 수 없는 인연의 다리를 놓았다고 본다. 그처럼 미당이 만년에 노래하던 자연, 세계의 산에 대한 시편들이나 질마재의 토착성인 강한 시적 접착을 나는 가능하면 따르려고 은연중 창작에 몰두하기도 했다. 특히 시적 영원성에 많은 관심을 기울였던 신라정신에 나도 가능하면 접근해보려 했다. 후일 내가 펴낸 세계 여행시 시집 『백야』나 장시집 『마추픽추』, 아내를 바이칼 호수에 수장시키는 영원성을 띤 『바이칼』도 그 여파의 하나다. 나는 이런 일들이 은연중에 미당과 나의 시공을 뛰어넘는 인연이라 믿는다. 시를 통한 인연은 명을 달리 하였어도 이리 끈질기고 소중한 것이다. 스승이 영면하셨을 때 나는 〈문화일보〉에 조시 "이제 누구의 노래를 들어야 합니까"를 발표한 적이 있다. 새삼 미당의 전라도 육자배기 같은 짙고 유장한 노래 가락이 그립다. 내 거실에 미당이 휘호한 액자가 있다. 내가 문학박사 학위를 받았을 때 주신 액자다. 시는 이러하다. '하늘이 하도나/고요하시니/난초는 궁금해/꽃피는 거라.'